# LA VÉRITABLE

# PROPHÉTIE

## D'HOLZHAUSER.

DE L'IMPRIMERIE DE J. GRATIOT.

# LA VÉRITABLE

# PROPHÉTIE

## DU VÉNÉRABLE

# HOLZHAUSER,

### OU

# LE RÉTABLISSEMENT

Des Papes à Rome; d'une Fédération en Allemagne;
de la Solennité du Culte pour tous les Catholiques
Français; et de la Paix dans l'Univers, après la
déchéance de Napoléon Buonaparte, prédit dès le
milieu du XVIIᵉ siècle, ainsi que d'autres événemens relatifs à la fin du XVIIIᵉ, ou au commencement du XIXᵉ :

AVEC L'EXPLICATION, PAR M. V***.

*Prophetias nolite spernere.*
I THESS. V, 20.

PARIS.

CRAPART, LIBRAIRE, RUE DU JARDINET, nᵒ 10.

## 1815.

# LA VÉRITABLE

# PROPHÉTIE

## D'HOLZHAUSER,

ADRESSÉE DE PARIS, AVEC L'EXPLICATION,

PAR M. V*** A M. N***, AU CHÂTEAU DU P...

~~~~~~~~~~~~~~~~~~~~~~~~~~~~~~~~~~~~~~~~~

Paris, le 30 novembre 1814.

JE vous fais parvenir, Monsieur, une
prophétie des plus curieuses, et des plus
intelligibles, en vingt-deux vers latins
élégiaques : nous en sommes redevables
au vénérable Holzhauser. Elle compte au
moins cent cinquante ans d'existence; et
continue de se vérifier depuis 1787, ou
depuis 27 ans.

1

Elle prédit la réintégration de Pie VII à Rome, et le retour de la paix générale, après la déchéance de Napoléon Buona-parte : de même que le rétablissement d'une confédération germanique, et, chez les Français, celui de la solennité du culte dans toutes les paroisses de notre religion sainte, après cette déchéance inopinée; outre un assez grand nombre d'autres faits intéressans.

Avant d'exposer les preuves incontes-tables de l'authenticité de cette pièce, et de résoudre les objections qui peuvent m'être faites, je vous mettrai le texte sous les yeux. Il sera suivi de l'éclaircissement le plus concis possible, après la traduction littérale que j'ai cru devoir y joindre par surabondance de droit. Dans cette marche, qui éloigne beaucoup les preuves, je pa-roîtrai peut-être m'écarter de la méthode commune ; mais cette manière de procéder m'a semblé conforme à l'activité de votre caractère, et à la singulière vivacité de votre pénétration.

Vous reconnoîtrez, Monsieur, dès le premier coup d'œil, par ma réponse à la plus séduisante objection, que la difficulté, loin d'être solide, se convertit sans effort en une confirmation péremptoire de la légitimité du texte latin, que je vais d'abord produire.

Vous verrez aussi, Monsieur, que je ne qualifie pas du titre pompeux de prophétie tout manuscrit ou imprimé, qui est décoré de ce beau nom. Une pièce quelconque, où je viens à découvrir une seule fausseté historique, ne mérite plus que je m'en occupe, et que je pousse ma lecture plus loin : elle perd auprès de moi tout crédit. Si je ne la rejette pas comme fausse prophétie, je décide au moins que c'est une prophétie falsifiée.

D'après ce principe, je n'adopterai pas celle qui est attribuée à saint Césaire, sans aucun motif, et que l'on a extraite du *Liber mirabilis*. Elle commence maladroitement par nous annoncer une peste, qui doit dévaster la majeure partie du globe avant les désordres de la France ; et ce fléau destructeur n'a pas précédé la révolution française.

Les vues de Dieu, en inspirant une prophétie à son serviteur Holzhauser, ne furent pas, sans doute, d'amuser notre loisir, ou de fournir un aliment à l'ardeur impétueuse, qui nous entraîne vers les objets portant l'empreinte d'insolites et de merveilleux. La Divinité nous insinue, par un moyen si attrayant pour toutes les classes des mortels, une preuve sensible de l'immensité de ses connoissances ; une nouvelle preuve de la constante protection, qu'elle accorde à son Eglise ; une preuve évidente de la vigilance continuelle, qui rend sa providence attentive aux événemens publics comme aux particuliers, et aux particuliers comme aux publics ; une preuve manifeste, que le Seigneur dispose des hommes, sans blesser jamais ni le droit ni la faculté de leur liberté naturelle ; une preuve sans réplique de la futilité, de l'im·puissance des traits malins, lancés par des esprits superficiels contre les prophéties, même les plus authentiques et les mieux avérées ; et enfin une preuve, que le hasard est un nom, dont l'objet est chimérique. L'Intelligence divine, qui éclairoit les anciens prophètes, ne nous avertit pas seulement ici de son existence, mais de la nécessité de son concours à ce qui se passe parmi les créatures, et de la douceur des ressorts qu'elle met en œuvre pour arriver efficacement à ses fins adorables.

Non, Monsieur, je n'abuserai pas de votre patience. Peut-être néanmoins souhaiterez-vous, après avoir achevé la lecture de cet opuscule, qu'il eût été moins laconique, et plus approfondi.

## TEXTE.

Vaticinium plurimùm reverendi domini Bartholomæi Holzhauser, parochi et decani
Bingæ infrà Moguntiam, defuncti in famâ
sanctitatis, 1658.

*Millia, tùm sexcenti anni, nonagintaque septem,*
  *Adde novem decies, tunc venit ista dies,*
*Quâ socii Eliæ, Pauli, Fratresque Minores,*
  *Privati claustris, exiliumque ferent.*
*Atque frequens pariter sacrarum turba sororum*
  *Expoliata gemet religione suâ;*
*Carmeli, Claræ, Servorum quippe MARIÆ :*
  *Carthusiæ Matres; Cisterei Dominæ.*
*Post hos sequentur sensìm plerique virorum*
  *Ordine sacrato, prorsùs ad usque trinos.*
*Canonici, Scholæque piæ, Fratresque Joannis,*
  *Gaudebunt soli stabilitate loci.*
*Immò Petrus Galli cantum ter flebit amarè;*
  *Eclypsis Romæ tùm quoque solis erit,*
*Nam Caput ad tempus, Matremque Ecclesia perdet;*
  *Omnis erit Regius Gallus origo mali.*
*Quo pereunte, redit pax, et solemnia cunctis,*
  *Et Caput Ecclesiæ, Imperioque decor.*

*Pontificisque novi tibi nomen mira rependet,*
*Aquila qui rapax præsagio celebri :*
*Per quem pelletur signo crucis hæresis omnis.*
*Sic redit ad Dominum terra sacrata suum.*


### TRADUCTION.


« *Prophétie du très-révérend don Bar-*
*thélemi Holzhauser, curé et doyen de*
*Bingen sous Mayence, mort en odeur*
*de sainteté, l'an* 1658.

» Que l'on ait mille, puis six cent, et
quatre-vingt-dix-sept, ajoutez-y neuf
fois dix, c'est alors que vient ce jour, où
les compagnons d'Élie, de Paul, et les
Frères-Mineurs seront privés de leurs
cloîtres, et souffriront l'exil. Une troupe
nombreuse de Sœurs consacrées à Dieu
gémira aussi d'être de même dépouillée de
sa religion ; les Sœurs du Carmel, de
Claire, ainsi que des Serviteurs de Marie :
avec les Mères Chartreuses, et les Dames

de Cîteaux. Après eux suivront successivement la plupart des Ordres réguliers
d'hommes, en continuant de la sorte jusqu'à trois ans. Les Chanoines, et les Écoles
pies, avec les Frères de Jean, jouiront
seuls de la stabilité de leur établissement.

» Il y a plus, Pierre pleurera trois fois
amèrement le chant du Coq; il y aura aussi
alors à Rome une éclipse de soleil, car
l'Église perdra pour un temps son Chef et
sa Mère : le Coq (*ou* le Français) royal
sera l'origine de tout le mal. Ce ne sera
qu'après qu'il aura péri, que reviendra la
paix, et le culte solennel pour tous, ainsi
qu'un Chef pour l'Église, et l'honneur
pour l'Empire. En outre, le nom du nouveau Pontife vous assurera des merveilles;
ce sera le Pape énoncé dans une prédiction
célèbre sous la dénomination d'*Aigle ravisseur*: par lui seront expulsées, en vertu
du signe de la Croix, toutes sortes d'hé-

résies. Ainsi la terre sacrée retourne à son Seigneur. »

## EXPLICATION.

Pour que vous ne languissiez pas, Monsieur, je ne m'astreindrai pas scrupuleusement à l'ordre de la prophétie. Dans le développement rapide, que j'ai le dessein de vous tracer, je me hâte de former un faisceau des traits relatifs à mon but, que j'estime les plus propres à satisfaire pleinement une curiosité louable, au jugement d'un Français tel que vous.

Je terminerai une explication non moins piquante que naturelle, par d'autres objets, importans, il est vrai, mais qui n'ont pas de connexion directe avec tous ceux que nous aurons d'abord parcourus. L'éclaircissement postérieur doit tendre à l'intelligence des douze premiers vers latins. Si les faits que ceux-ci annoncent, ne vous présentent pas, Monsieur, un intérêt aussi général, que les faits annoncés dans les vers suivans, ils vous étonneront peut-être davantage par leur précision, par la clarté de leurs époques, et par l'étendue de leurs détails.

Afin d'éviter la confusion dans une matière si variée, et où tant de choses viennent s'entasser à l'envi, je divise la prophétie en quatorze prédictions particulières. Elles vous donneront, Monsieur, une juste notion de tout l'ensemble : et vous tomberez d'accord avec moi, que cet expédient fort simple y répand le jour le plus lumineux.

L'énoncé de chaque prédiction est la paraphrase du texte latin de la prophétie; et ce qui le suit en est le commentaire.

## PREMIÈRE PRÉDICTION.

« Un des successeurs de saint Pierre ,
» le prédécesseur immédiat du Souverain
» Pontife , désigné dans un célèbre oracle
» sous le nom d'*Aigle ravisseur*, le Pape,
» en un mot , désigné lui-même dans cet
» oracle sous le nom de *Pèlerin Aposto-*
» *lique* , déplorera bien amèrement les
» *trois* catastrophes qu'il aura essuyées de
» la part des Français. *Petrus Galli can-*
» *tum ter flebit amarè... Pontificisque*
» *novi tibi nomen mira rependet, Aquila*
» *qui rapax præsagio celebri.* »

Le vénérable Holzhauser néglige une
discussion , qui seroit assurément oiseuse,
sur la célèbre prophétie concernant la
suite des souverains pontifes , et concernant les qualifications qui doivent les ca-
ractériser : assez communément ou l'at-
tribue à l'archevêque saint Malachie , mort

en Irlande , il y a plus de trois cents ans.
Le serviteur de Dieu, Holzhauser, ne décide absolument rien , quant au fond de
la question, sur l'auteur de cette pièce;
et il se borne uniquement à l'existence
de la prophétie.

Ce sont des faits notoires, Monsieur ,
que le souverain pontife Pie VII y est
caractérisé par la dénomination d'*Aigle*
*ravisseur* ; que le souverain pontife
Pie VI l'est par celle de *Pèlerin Apos-*
*tolique;* et que le *Pèlerin Apostolique*
doit précéder immédiatement l'*Aigle ra-*
*visseur.* Holzhauser a prévu, que le prédécesseur de Pie VII, ou que Pie VI, déplorera bien amèrement les *trois* catastrophes, qui auront été l'ouvrage des Français; et qu'ils auront fait éprouver, ou à
ses États , ou à sa personne.

L'expression latine *Gallus* équivaut
dans notre langue à ces mots , *Coq , Gau-*
*lois* , et *Français.* Les *trois* chants, ou les
*trois* cris du Coq , sont l'indication allégo-

rique de ces *trois* bruyantes catastrophes.

La première fut la perte de trois Légations, qui sont celles de Ravenne, de Ferrare, et de Bologne : outre des sacrifices très-coûteux à un prince amateur des arts, sacrifices de plusieurs chefs-d'œuvre, soit en peinture, soit en sculpture ; et outre le paiement, non moins expéditif qu'excessif, de trente-un millions de livres tournois.

La seconde catastrophe fut la perte des autres États du Pape, ou l'entier renversement du gouvernement pontifical, par les sujets mêmes de Pie VI, et par le gouvernement républicain, après l'occupation de Rome par les troupes françaises : elles allèrent y planter l'arbre de la prétendue liberté, afficher la Déclaration des prétendus droits de l'homme, jurer une haine implacable aux prétendus tyrans.

La troisième catastrophe fut la plus déplorable perte, celle de la liberté individuelle du Souverain Pontife, arrêté dans sa capitale, dans son propre palais, comme

prisonnier des Agens de deux républiques,
dont le cri de ralliement est le mot ma-
gique de *Liberté*, lequel s'associe toujours
avec la protestation de la sûreté des personnes.

Environ un siècle et demi avant ces
événemens désastreux, Barthélemi Holzhauser, guidé par l'Esprit-Saint, avoit
certainement connu le nombre de ces catastrophes, avec leurs auteurs, ainsi que
le Pontife, qui gémiroit sur les calamités,
dont il finiroit par être lui-même la vic-
time. Convenons que l'aveugle hasard seroit, au moins pour cette fois, enfin devenu clair-voyant, s'il avoit pu apercevoir
avec une telle assurance, et saisir la chaîne
de tant d'événemens futurs. Mais cette
prévision du serviteur de Dieu n'est presque rien encore, quand on la confronte
avec toutes les suivantes, qui sont un as-
semblage ravissant de connoissances anti-
cipées, toutes plus surprenantes les unes
que les autres.

~~~~~~~~~~~~~~~~~~~~~~~~~~~~~~~~~~~~~~~~~~~~~~~~~~~

## DEUXIÈME PRÉDICTION.

« Il y aura aussi alors à Rome une
» éclipse de soleil, dans un sens allégo-
» rique, car l'Église perdra pour un
» temps et son Chef et sa Mère. *Eclypsis*
» *Romæ tùm quoque solis erit, nam*
» *Caput ad tempus, Matremque Ecclesia*
» *perdet.* »

Pie VI étoit, par sa dignité, ses talens
et ses lumières, le soleil qui éclairoit l'É-
glise universelle, spécialement celle de
France, dans ses constitutions, ses lettres
encycliques, ses brefs et ses réponses, sur
la discipline, la foi et les mœurs. Il étoit
le chef, qui influe sur les membres, en y
conservant la vie; et avec qui tous les
évêques doivent être unis, pour qu'il en
résulte le corps mystique du Sauveur des

hommes. Il étoit , en vertu de l'institution divine , le supérieur de chaque évêque orthodoxe : il avoit sur chacun d'eux la primauté d'honneur , et celle de juridiction.

Holzhauser est instruit , non-seulement que le chef des évêques ne pourra plus entretenir à Rome de libre communication avec eux , mais que le soleil du monde catholique subira une éclipse en cette ville, où sa détention ne doit être que momentanée. Elle sera suivie de l'exil du Pape hors de ses possessions , d'abord en Toscane, et ensuite en France , où il terminera sa glorieuse et pénible carrière.

L'Église particulière de Rome , présidée et conduite par le Pape Pie VI, étoit, d'après les principes de la saine doctrine, exprimés au concile de Constance , la mère de chaque église particulière , qui lui doit la soumission et le respect que prescrivent les sacrés canons.

Lorsque Pie VI fut forcé de dire à ses
États un éternel adieu, après l'érection
de la république romaine, et lorsque surtout il fut si tristement relégué à Valence,
l'Église catholique perdit à la fois et son
Chef et sa Mère ; mais plus spécialement,
par la dispersion des membres du sacré
Collége, quand les cardinaux crurent devoir céder aux circonstances, en se retir-
rant de Rome.

Au surplus, ce malheur, connu d'Holzhauser, aura un terme dans les conseils
de la Providence. L'erreur et l'incrédulité
se flattèrent peut-être, que l'éclipse de
soleil seroit perpétuelle ; et que le temps
du siége apostolique de Rome avoit aussi
disparu à jamais, comme depuis plusieurs
siècles avoit déjà disparu celui des autres
siéges apostoliques. Je ne sais quels témé-
raires novateurs imaginèrent alors à Vienne
en Autriche, que la papauté seroit rem-
placée dans l'Église par un Directoire,

comme la royauté l'avoit été en France.
Mais sans parler des promesses du Verbe
incarné, le serviteur de Dieu, Barthélemi
Holzhauser, avoit prémuni les Fidèles
contre cette espèce de scandale qui ne du-
reroit que peu d'années; et il avoit prédit,
en termes équivalens, que Pie VI auroit
pour successeur immédiat le Pape à qui
se rapporte l'emblème d'*Aigle ravisseur.*
Le Ciel lui avoit révélé, que le Pape à qui
conviendroit le surnom de *Pèlerin Apostolique*, le Pape, qui comme *Pèlerin*
mourroit dans une terre étrangère, et qui
comme *Pèlerin Apostolique* mourroit de
même que les Apôtres, sans la souveraineté
temporelle, finiroit ses jours par d'indi-
gnes traitemens, par les vexations des
Français.

~~~~~~~~~~~~~~~~~~~~~~~~~~~~~~~~~~~~~~

## TROISIÈME PRÉDICTION.

« Un Français sera l'origine de tant de
» maux ; et ce Français parviendra quel-
» que jour , de la classe d'homme privé,
» à la prérogative royale. *Omnis erit Re-*
» *gius Gallus origo mali.* »

Une des premières et principales sources
des calamités de Rome , et en particulier
de Pie VI , fut le fameux Napoléon Buonaparte. L'île de Corse, sa patrie , n'appartenoit point à l'ancien territoire français ; mais quelques mois après sa naissance , arrivée en février 1768 , il devint,
comme son pays, sujet de Louis XV ,
c'est-à-dire , au mois de mai suivant.
Nos augustes monarques comblèrent cette
île de faveurs. Louis XVI donna des or-

2.

dres pour la formation du jeune Corse , à
Brienne et à Paris, où il le fit élever à
l'École royale militaire.

Les sentimens de reconnoissance , que
le protégé des Bourbons nourrissoit dans
son âme , éclatèrent publiquement au
mois d'octobre 1795 , quand il eut atteint
sa vingt-huitième année. Les habitans de
Paris font-ils un effort pour secouer le joug
de la Convention nationale , et rentrer sous
l'obéissance due à leur souverain légitime?
Buonaparte se réunit au directeur Barras :
il emploie le fer et le feu contre ses concitoyens ; il les foudroie avec l'artillerie de
la capitale.

Dans le même sens, il rendit un solennel témoignage de son inviolable attache-
ment aux principes religieux qu'il avoit
sucés dans son île et à Brienne , quand
pour le double intérêt de sa gloire et de
son ambition , il fut l'exécuteur zélé des
volontés du Directoire contre le Souverain

Pontife. A peine Napoléon se montre-t-il
à l'Italie, dans l'année subséquente, ou
en 1796, qu'il menace Pie VI, dans une
proclamation furieuse, de ramener à Rome
l'ancienne forme républicaine ; et qu'il
oblige un prince, dont les troupes sont
inférieures par le nombre et l'expérience
à celles des Français, à tenter le sort des
armes pour le soutien, l'honneur, et la dé-
fense de ses droits. La modération apparente du général Buonaparte fut de ne
dépouiller ce souverain, que de trois Légations, en février 1797; mais sa rigueur ef-
fective fut de l'exténuer, en frappant les
débris des États pontificaux de contribu-
tions exorbitantes.

Son dessein étoit sans doute de rendre
Pie VI odieux et méprisable aux yeux de
ses sujets, afin de préparer les voies à une
spoliation définitive. Il ne perd consé-
quemment pas de vue son plan d'envahir
un jour la capitale du monde catholique.

Si par l'organe de Napoléon la paix est conclue à Erckenwald, près de Leoben en Styrie, vers la mi-avril, au nom de la république française, avec l'Empereur d'Allemagne, c'est à condition que François II renonce dès-lors pour toujours à l'élection d'un Roi des Romains.

L'esprit de Buonaparte, fertile en systèmes affreux, qui désorganisent et brouillent tout, afin d'accoutumer les peuples à se détacher de leur gouvernement, et à se soumettre quelque jour au sien, fait passer Venise de l'aristocratie à la démocratie, pour la placer, dans un petit nombre de mois, par une mesure provisoire, sous le gouvernement d'un seul, ou d'un monarque, sous le chef de la maison d'Autriche.

Il ne douta point, que pendant son absence de l'Europe, pendant son excursion en Égypte, le Directoire français n'introduisît à Rome le régime démocratique.

C'étoit selon Buonaparte un premier pas tout fait, pour que Rome démocratisée fût plus aisément asservie à la monarchie française, quand il seroit monté sur le trône de ses bienfaiteurs, avec la prétention bizarre de succéder à tous les droits de l'Empereur Charlemagne.

Il se présenta, j'en conviens, un obstacle imprévu à l'accomplissement de son projet; ce fut l'entrée de Pie VII à Rome, en 1800. Mais on sait avec quelle astuce Buonaparte a réussi à remplir ce vide, et par quelles violences il est venu à bout de ses déterminations ambitieuses. Personne n'ignore qu'il a effectué sa résolution gigantesque, en accumulant sur sa tête les couronnes de France et d'Italie. La célèbre capitale de l'ancien empire romain n'a obtenu que la seconde place dans le nouvel empire français.

Si la traduction de *Regius Gallus* par ces mots, *le Coq Royal*, paroît un peu

obscure, on peut y substituer ces autres
mots, *le Français Royal*, lesquels dési-
gnent le Français, simple particulier, qui
un jour sera revêtu de l'autorité royale ou
souveraine ; mais sans prendre néanmoins
le titre de Roi des Français. Aussi Barthélemi Holzhauser ne dit-il pas *Rex Gallus*,
le Français Roi , le Roi Français , le Roi
des Français , le Roi de France ; mais
*Regius Gallus*, le Français qui deviendra
royal , qui s'élevera de lui-même, par
toute sorte de moyens, à la puissance
royale ; et qui, bien différent de nos monarques , protecteurs et consolateurs nés
du Saint-Siége Apostolique , se fraiera la
route à l'usurpation de leur couronne ,
par la persécution de la personne du Pape,
et par l'usurpation d'une partie de ses
États ; pour faciliter au Directoire l'invasion de la totalité.

Mon interprétation de *Regius Gallus*,
et son application exclusive à Napoléon

Buonaparte, ne sont ni fabriquées par ca-
price ou par convenance, ni glissées
adroitement, pour vous empêcher, Monsieur, d'adapter ces deux mots à l'infortu-
né Louis XVI. Le sens du contexte, celui
des vers latins qui suivent, et la plupart
des prédictions que j'ai à vous développer,
prouvent jusqu'à l'évidence, que cette
explication, qui ne m'a pas été inconnue,
est absolument inadmissible. Au premier
aspect, la pensée en paroît fort naturelle ;
et l'on seroit porté à la croire solide, à la
vue des expressions *quo pereunte* : mais
toutes les autres, qu'on lit à leur suite,
renversent sans ressource l'échafaudage
d'un tel système.

## QUATRIÈME PRÉDICTION.

« Le règne du Français, qui s'investira
» lui - même du suprême pouvoir, en
» se mettant à la tête de ses concitoyens,
» ou le règne du nouveau Monarque, ces-
» sera d'une manière tragique et humi-
» liante; car ce Français périra, en s'atti-
» rant une fin malheureuse, par sa dé-
» chéance du trône, avant sa mort. *Quo*
» (*Regio Gallo*) *pereunte.* »

Je consulte, au mot *périr*, la cinquième édition du Dictionnaire de l'Académie
française, donnée par Smits; j'y lis ce
paragraphe. « PÉRIR, verbe neutre : pren-
» dre fin.... Il signifie aussi, faire une fin
» malheureuse, violente.... On dit que
» *les méchans périront*, pour dire qu'ils
» s'attireront quelque malheur par leurs

» crimes, et qu'ils feront une fin malheu-
» reuse. »

Le pieux Holzhauser est averti d'en-
haut, que le nouveau Monarque périra ;
et qu'il ne doit terminer sa course mor-
telle, qu'après avoir été expulsé du trône.
Si la prophétie d'Holzhauser ne pouvoit
s'entendre que de la mort naturelle, et
nullement d'une espèce de mort civile,
elle offriroit ces expressions : *Quo morien-
te*, au lieu de *Quo pereunte ;* et j'aurois
traduit : *Lorsqu'il sera mort*, au lieu de
*Lorsqu'il aura péri*. Elle nous apprend
que Napoléon, avant sa mort naturelle,
sera un jour exclus à jamais du rang élevé
qu'il occupoit en Europe.

Deux mois et demi auparavant, cet
homme, en fils dénaturé, détenoit encore
captif, dans le palais de Fontainebleau, le
plus tendre et le plus respectable des
pères ; le Pontife qui l'avoit oint de l'huile
sainte, à la cérémonie de son sacre, comme

3.

Empereur des Français ; le ferme et invincible Pie VII. La même enceinte a vu cet ingrat perdre la liberté , avec ses deux couronnes. La main d'une Providence vengeresse l'avoit conduit sur une route détournée , sur celle de Vandœuvre , afin qu'il n'entravât point l'exécution des marches savantes du prince de Schwartzenberg , ni sa jonction avec le corps du général Blucher. Il chercha vainement , durant quatre jours, la position du généralissime des armées étrangères. Après la jonction , le prince marche sur Paris ; et il s'empare de Meaux , le 28 mars. Buonaparte en est instruit dans la même journée , et de bonne heure , à trois lieues au-delà de Doulevent : mais la céleste vengeance l'aveugle de nouveau. Il ne quitte Doulevent que le 29 , pour établir son quartier-général à Troyes ; et il y attend sa garde , durant douze heures. Il en part le 30 : il passe par Fontainebleau sur les neuf heures du soir; et il parvient, vers minuit, au relai de la Cour-de-France, entre Essone et Villejuif. Là, il est informé, par un officier venu en toute hâte, que Paris avoit capitulé vers la fin du même jour. Le 31 mars, le fier Napoléon, abattu de ce coup, retourne à Fontainebleau, et se précipite dans le piége que lui a tendu la Justice divine. S'il fût parti de Doulevent le 28, sans attendre sa garde, il seroit entré dans la capitale, et il auroit forcé les habitans à se défendre jusqu'à la dernière extrémité. Mais son éloignement, par un trait spécial d'une miséricordieuse Providence, a sauvé Paris du massacre, du pillage, de l'incendie, en un mot d'une ruine totale; et il a entraîné la sienne.

## CINQUIÈME PRÉDICTION.

« Sous le règne du nouveau Monarque,
» on n'aura pas de paix durable, ou du
» moins de paix universelle : on en goû-
» tera les douceurs, lorsque le Monarque
» aura péri par sa déchéance du trône.
» *Quo pereunte, redit pax.* »

Tant que l'on saura Napoléon assis sur
le trône impérial, ou les guerres seront
presque éternelles, ou le calme parfait ne
renaîtra que dans des contrées particulières : tant qu'il pourra conduire des armées, on se flattera en vain d'obtenir le
repos général. Renverse-t-il le Directoire,
sous l'appât éblouissant de rétablir la tran-
quillité en France, dans l'espace de trois
mois ? Ce temps s'écoulera sans la vérifica-
tion de la promesse. Concerte-t-il des ar-

rangemens avec certaines Puissances belli-
gérantes ? C'est pour porter sûrement ailleurs et des coups imprévus, et des coups
vigoureux. Le feu de la guerre ne sera
éteint, en Amérique et en Europe, qu'a-
près la chute éclatante de Napoléon Buonaparte. Les vastes conquêtes, faites à son
occasion par les Anglois, en Afrique et en
Asie, sur la France et la Hollande, ne
leur seront rendues, pour la portion la
plus considérable, qu'après le renversement de la domination du Corse.

Mais remarquons, je vous prie, Monsieur, que, si toutes les Puissances conti-
nentales avoient accédé à son système, si
elles avoient fermé leurs ports à l'Empire
Britannique, et forcé l'Angleterre à laisser
dans les mains de Napoléon la Belgique et
la Hollande, on auroit vu, sous quelques
années, les flottes françaises aborder dans
cette île, y arborer le pavillon tricolore,
et s'emparer de sa capitale, ainsi que des

possessions angloises dans les deux Indes.
On auroit vu Buonaparte finalement parvenu à la *monarchie universelle* : c'étoit
à ce prix seul, qu'on pouvoit acheter de lui
la *paix universelle.*

Ses nombreuses troupes ont parcouru
successivement, et souvent même à di-
verses reprises, au moins en partie, l'Italie
dans toute sa longueur, l'Espagne, le
Portugal, la Hollande, la Westphalie, le
Hanovre, la Poméranie suédoise, la Prusse,
l'Allemagne, la Saxe, l'Autriche, la Mo-
ravie, la Bohème, la Hongrie, la Pologne,
la Russie, l'Illyrie, l'Istrie, la Dalmatie,
les îles Ioniennes, l'État de Venise, le
Piémont, et le sol des villes Anséatiques.
Il n'est pas d'histoire où l'on raconte que,
dans l'intervalle de dix ans, le sang hu-
main ait été versé en tant de contrées di-
verses, et à aussi grands flots, par un seul
homme, que pendant les dix années de
l'empire de Napoléon.

Il n'est pas de prophétie, ou ancienne ou moderne, qui se soit réalisée plus littéralement que celle du vénérable Holzhauser. Son regard a percé dans les secrets de l'avenir, et découvert l'heureux terme où cessera le deuil de l'Univers.

Quand le vent impétueux de la tempête discontinue de souffler sur les ondes, et que le calme renaît, le silence ne reparoît point à l'instant même parmi les flots, qui restent dans l'agitation et dans une espèce de balancement plus ou moins prolongé, jusqu'au retour de l'équilibre. C'est ainsi qu'après l'orage politique, excité par Napoléon, la discontinuation de son influence n'a pu arrêter les oscillations sensibles qui ont subsisté un certain temps dans la Norwége, en Amérique et ailleurs : mais il n'en est pas moins certain, que la tempête a cessé, et que nous tendons au calme universel.

## SIXIÈME PRÉDICTION.

« SOUS le règne du nouveau Monarque,
» *tous* ses sujets catholiques ne jouiront
» pas de la liberté du culte solennel, quand
» même le Monarque l'auroit accordée à
» son peuple : elle deviendra générale,
» lorsqu'il aura péri par sa déchéance du
» trône. *Quo pereunte, redit pax, et*
» *solemnia cunctis.* »

A l'époque du Concordat passé entre le
Souverain Pontife et le premier Consul, la
France entière s'attendoit à la publicité du
culte de la Religion Catholique, sans aucune réserve. Néanmoins, le libre exercice du culte solennel hors de ses temples
éprouvera une restriction dans la ville prin-
cipale, et dans toutes celles où le culte pro-

testant se trouve autorisé à l'établissement d'un consistoire. Le Consul sera-t-il ensuite revêtu de la dignité impériale? L'accroissement de son pouvoir ne l'affranchira pas de cet assujettissement, qu'il s'est prescrit à lui-même. Les curés de Paris n'oseront se permettre, dans les rues de leurs paroisses, ni des fonctions ecclésiastiques, ni des ornemens, que l'on permet à leurs confrères, dans les rues des villages contigus à la capitale, dont ces endroits ne sont séparés que par de simples murailles.

Mais que Napoléon périsse d'une espèce de mort civile, et que la couronne de France soit enfin recouvrée par les descendans de saint Louis, il n'y aura plus de mur de division; il n'y aura plus de limites pour la solennité du culte catholique : elle deviendra universelle chez les Français, comme l'avoit prévu le vénérable Holzhauser. On ne comptoit pas en-

core six semaines depuis le retour à Paris
de LOUIS-LE-DÉSIRÉ, lorsque la cérémonie des processions publiques commença par
ses ordres la réparation solennelle des san-
glans outrages, prodigués pendant la révolution au DIEU présent dans le sacrement
de son amour; et lorsque le Messie, porté
en triomphe, mais avec une pompe modeste, daigna reprendre possession de
la capitale des Français, par des actes
authentiques. L'éternelle Sagesse, qui s'est
incarnée, parce qu'elle met ses délices à de-
meurer parmi les enfans des hommes, honora de sa présence corporelle, dans un
appareil simple et majestueux, les quar-
tiers de sa domination, comme auteur de
la nature.

C'est elle qui avoit manifesté à Barthélemi Holzhauser, depuis plus d'un siècle
et demi, que le particulier, parvenu à la
puissance royale, n'accorderoit point à
*tous* les catholiques français la solennité du

culte hors des églises, quoiqu'il la permît
à leur grande majorité. La divine Sagesse
avoit encore appris à Holzhauser, que cette
concession auroit lieu, sitôt que l'usurpa-
teur seroit contraint à descendre du trône ;
ce qui signifie, en d'autres termes, sitôt
que le Roi légitime y seroit monté, et qu'é-
tant au milieu de sa grande famille, il en-
treroit dans l'exercice des droits de sa couronne.

Il n'y avoit que l'Être infini, celui dont
l'immense compréhension embrasse l'avenir, comme le présent et le passé, sans
confusion ni trouble, et dont les connoissances ne sont pas bornées par la multitude
des objets, qui pût faire luire dans l'esprit
de son serviteur un rayon de lumière, sur
tant de faits incroyables. Jamais une intelligence créée, et bien moins encore jamais
la matière, quel que fût le mouvement de
ses atômes, et quelle que fût la combinai-
son de ses molécules, n'auroit pu deviner,

à la moitié du dix-septième siècle, des événemens qui arriveroient à la quinzième année du dix-neuvième ; des événemens qui
seroient liés aux volontés et aux actions
d'une foule de millions d'hommes, Français, Anglois, Portugais, Espagnols, Ita-
liens, Allemands, Polonois, Suédois, Autrichiens, Prussiens et Russes : en un mot,
de toutes les nations de l'Europe.

## SEPTIÈME PRÉDICTION.

« Sous le règne du nouveau Monarque,
» l'Empire Germanique perdra insensible-
» ment toute son antique splendeur; et ce
» corps ne la recouvrera, que lorsque le
» Monarque aura péri par sa déchéance du
» trône. *Quo pereunte, redit pax, et so-*
» *lemnia cunctis, et Caput Ecclesiæ, Im-*
» *perio que decor.* »

L'Empereur d'Allemagne avoit déjà per-

du les Pays-Bas ou la Flandre autrichienne;
et les électorats ecclésiastiques commen-
çoient à être soumis à la république fran-
çoise, quand le chef de cette république,
le premier consul, orna sa tête de la couronne impériale, et surmonta d'une couronne l'aigle de ses armoiries. A peine l'aigle
de Napoléon déploie-t-elle ses ailes nais-
santes, qu'elle ravit la couronne placée sur
chacune des deux têtes de l'aigle d'Allemagne, et que ses premiers coups de bec
lui arrachent même ces deux têtes. Bientôt ses serres vont s'avancer jusqu'à saisir
et déchirer les ailes de l'aigle prussienne,
et tendront à pénétrer jusqu'au cœur de
l'aigle russe.

Mais parlons sans allégorie. Insatiable
de couronnes, Napoléon assez peu content
de celles de l'Empire des Français et du
Royaume d'Italie, enlève de dessus la tête
de François II la couronne d'Allemagne. Eh!
que de négociations ne fallut-il pas faire,

pour que Napoléon condescendît à laisser
échanger le titre d'archiduc contre celui de
premier Empereur d'Autriche ! A l'imita-
tion d'Olivier Cromwel, qui, feignant de la
modération, s'étoit emparé du trône d'Angleterre, sous la dénomination de *Protecteur*, Napoléon Buonaparte, ayant fait
disparoître le nom d'*Empire germanique*,
y substitue celui de *Confédération du
Rhin*, et s'en déclare le *Protecteur*. Vous
diriez qu'il aspire à en relever l'éclat, en
créant et multipliant les sceptres, qu'il se
plaît à distribuer. Vous diriez qu'il va par-
tager sa gloire avec les anciens et les nouveaux Souverains. Mais leurs sujets lui ap-
partiendront plus qu'à eux, pour disposer
de leur fortune et de leur sang ; plusieurs
de ces Princes sont presque devenus eux-
mêmes ses sujets : et il leur promit l'indépendance ! Dans ses desseins, au reste,
ce pouvoir tout récent sur les peuples de
la Germanie, ce pouvoir trop modeste

pour lui, ne doit être que le prélude d'un autre; et les vœux de Napoléon ne sauroient être remplis, dans son premier coup d'essai, jusqu'à la prise de possession de l'Empire du Monde, que par la sublime dignité d'*Empereur d'Occident*. Jamais il ne discontinua de porter ses regards vers cette sublime prérogative; et ce fut sans cacher son ambition présomptueuse. On a entendu ses officiers, même les subalternes, n'en pas faire un mystère confidentiel, et déclarer nettement, avant l'expédition de Moscou, que sous peu l'*Empereur des Français* ajouteroit à ce titre celui d'*Empereur d'Occident*.

Que seroit devenu, dans cette supposition, François I d'Autriche? il auroit été le dernier de cette maison illustre à jouir de la dignité impériale. Qui nous dira, d'ailleurs, si Napoléon eût consenti à conserver à ce Prince quelques légers ves-

tiges de son ancienne autorité sur ses
États héréditaires ?

Rien ne sembloit pouvoir arrêter le
cours de ce torrent impétueux. Celui qui
en a prédit les ravages à son serviteur
Holzhauser, au dix-septième siècle, pouvoit seul en désigner le terme ; et lui faire
savoir, qu'au dix-neuvième, sous le même
Souverain Pontificat, sous celui de l'*Aigle
ravisseur*, le Corps Germanique perdroit
pour un temps, mais qu'il recouvreroit
ensuite, au moins en très-grande partie,
son éclat primordial.

Les revers de la fin de la campagne,
en 1812, paroissoient avoir mis une bar-
rière aux plans dévastateurs de l'entre-
prenant Buonaparte. De nouvelles batailles,
gagnées au commencement et vers le milieu
de 1813, enflammèrent son courage. Mais
si les revers, survenus encore dès cette
époque, furent par intervalle entremêlés

de succès brillans, sa gloire n'en fut pas
moins ternie : et l'on fut obligé de con-
venir qu'il n'étoit pas invincible. Les échecs
continués, dans le cours du mois de mars
1814, firent évanouir coup sur coup le
fruit de plusieurs années de conquêtes ;
ils le forcèrent à se concentrer principalement dans ses propres États, et à s'y
tenir fréquemment sur la défensive : ils
finirent, grâces au Ciel, par les arracher tous
de ses mains, au jour où il perdit sa capitale. C'est de ce jour, à jamais mémorable,
que l'on doit dater l'époque de la renais-
sance de la Confédération Germanique,
connue avant la suppression sous le nom
d'*Empire d'Allemagne*. Le traité de paix
conclu à Paris, le 30 mai, avec l'Empereur
d'Autriche, a établi pour base du nouvel
ordre de choses, qu'il existeroit en Allemagne un lien fédératif. Le congrès de
Vienne y mettra le complément définitif,
dans cette réunion de Princes, de Rois

4.

et d'Empereurs, telle que l'histoire ne
nous cite rien de plus éclatant, ni rien de
plus auguste.

Le Chef du Corps Germanique possé-
dera une autre fois la Croatie, l'Illyrie et
le Tyrol. S'il ne rentre pas en possession
du Hainaut et du Brabant, il en est am-
plement compensé par la Dalmatie, l'Istrie,
et les belles contrées de la République de
Venise, sans parler des ports et des nombreux marins, dont il fait l'acquisition.
Les Princes Souverains, conservés à la
Fédération, obtiennent une force militaire et une consistance, qui confirment
de leur côté, et vérifient plus que littéralement l'oracle d'Holzhauser.

~~~~~~~~~~~~~~~~~~~~~~~~~~~

## HUITIÈME PRÉDICTION.

« Sous le règne du nouveau Monarque,
» l'Église catholique sera une seconde fois
» privée de son Chef; et ce chef lui sera
» rendu, lorsque le Monarque aura péri
» par sa déchéance du trône. *Quo pereun-*
» *te, redit pax, et solemnia cunctis, et*
» *Caput Ecclesiæ.* »

Il étoit réservé au caractère inquiet de
Napoléon de troubler le Souverain Pontife dans la possession paisible de l'entière
indépendance de son autorité temporelle
sur le patrimoine de saint Pierre ; de ta-
xer fièrement d'insubordination de vassa
l'opposition de Pie VII à sa volonté in-
flexible ; et de le traiter lui-même en re-
belle, par la privation de la liberté. Les

agens de la tyrannie ne firent que prêter une main sacrilége à l'enlèvement du Pape, et à sa longue captivité : Napoléon en étoit la cause immédiate et directe.

Le chef du triumvirat consulaire avoit fait déclarer authentiquement, dans l'acte du Concordat, qu'il *professe la Religion catholique*. Bientôt devenu chef unique des Français, non-seulement il afflige, il persécute, durant quatre ans et demi, depuis le mois de juillet 1809, par l'emprisonnement, le Chef de cette religion divine, mais il se permet un attentat inconnu dans les fastes de l'Église. Il paralyse le Sacré Collége ; il disperse les Cardinaux en France, et les met dans l'impossibilité de représenter le Pape, et de gérer en son nom. Les menaces de ses émissaires, et leurs sévères perquisitions, rendront presque nul l'exercice des facultés et des fonctions du Délégué Apostolique, qui de Rome doit agir secrètement, avec le se-

cours d'un conseil, dans toute l'Église, durant l'absence de Pie VII ; ou après sa
mort, jusqu'à l'élection d'un nouveau
Pontife.

Napoléon est jaloux du titre de *fils aîné
de l'Eglise ;* et il contraint Pie VII, le
père de la famille catholique, à des voyages pénibles et préjudiciables à sa santé,
au risque de trancher le fil de ses jours.
La piété filiale de Buonaparte est habile à
tourmenter le Pape, en l'abreuvant d'i-
gnominies ; en le fatigant par des pré-
tentions souvent nouvelles ; et même en
cherchant à introduire le principe, qu'en
cas de nécessité l'institution canonique des
Archevêques et des Évêques peut avoir
lieu sans l'intervention du Saint Père,
durant sa détention à Savone.

Dieu avoit arrêté dans ses décrets éter-
nels, que le Pape reprendroit le gouver-
nail de la barque de saint Pierre, lorsque
Napoléon auroit abandonné le timon de

l'Empire Français. Cependant une voix s'élève à Paris, dans les dernières semaines de janvier 1814, et répand la nouvelle que l'Empereur fait reconduire Pie VII à Rome. Ce bruit vague et incertain est ratifié par des Ministres, qui néanmoins sur ces entrefaites donnent des ordres, pour que les conseillers de Sa Sainteté, la plupart des Cardinaux, soient répartis en exil sur divers points de la France.

Un décret impérial du 10 mars est signifié au Saint Père. Il lui promet sa rentrée immédiate dans sa capitale, s'il se contente des départemens de Rome et du Trasimène; si, comme son prédécesseur, il renonce à trois Légations. Pie VII demeure inébranlable ; et il ne cède aucun de ses droits.

Sa marche n'avance que lentement : et ce sera, environ deux mois et demi après sa délivrance de la prison dorée de Fontainebleau, qu'on le consignera aux avant-postes des Autrichiens. La prophétie d'Holzhauser est sur le point de s'accomplir à la lettre. Napoléon Buonaparte, qui avoit abdiqué l'Empire dès le onze avril, ne sortit que le vingt de Fontainebleau. Il entra le trois mai dans le principal port de l'île d'Elbe, le même jour que LOUIS-LE-DÉSIRÉ rentra dans Paris d'une manière triomphante : et le Souverain Pontife, bien loin d'être arrivé à Rome, avant la déchéance de Napoléon, et de régir alors l'Église de Dieu, avec les sacrées congrégations de tous ses Cardinaux, a été fort long-temps à les voir se réunir à lui, et à recevoir les archives du Saint Siége, transférées à Paris, pour obliger les Papes à y établir leur résidence. L'Église n'a recouvré son Chef, conformément à la prévision du vénérable Holzhauser, qu'après le renversement et la chute de Napoléon Buonaparte.

5

## NEUVIÈME PRÉDICTION.

« Sous le règne du nouveau Monar-
» que, le Pape, désigné par l'emblème
» d'*Aigle ravisseur*, perdra sa puissance
» temporelle sur le patrimoine de saint
» Pierre : et le même Pontife rentrera
» dans ses droits, lorsque le Monarque
» aura péri par sa déchéance du trône.
» *Pontificisque novi tibi nomen mira*
» *rependet, Aquila qui rapax præsa-*
» *gio celebri... Sic redit ad Dominum*
» *terra sacrata suum.* »

Outre la prestation de foi et hommage,
Napoléon exige de Pie VII, par la raison
du plus fort, l'interdiction de l'entrée
dans les ports de ses États aux marchan-
dises et aux vaisseaux des Anglois, pour

rétablir la liberté des mers, et remettre
en vigueur l'article du Traité d'Utrecht,
qui la concerne. L'inutilité de cette mesure, l'anéantissement de la marine des
sujets de Sa Sainteté, les représailles à
craindre contre les catholiques soumis à
la couronne de la Grande-Bretagne, sont
des prétextes frivoles aux yeux de Buonaparte. Le refus de s'unir à lui contre le
Léopard est une déclaration de guerre ;
et Rome envahie, avec ses appartenances,
est incorporée pour toujours dans le nouvel empire. Un sénatus-consulte, qui con-
firme l'usurpation, assure aux fils aînés
des Empereurs des Français le titre et les
prérogatives de Rois de Rome.

Parmi les cas réservés au Souverain
Pontife, dans le diocèse de Paris, par
suite de la censure qui leur est annexée,
le numéro huit énonce l'invasion, la dé-
prédation, l'occupation ou la dévastation
des terres de la sainte Église Romaine.

Telle est la disposition du Rituel et des Statuts synodaux : disposition qui se trouve répétée dans le Diurnal parisien , réimprimé en 1787 , sous l'administration de M. l'Archevêque de Juigné. Cette censure ne paroît pas avoir été connue de Napoléon ; mais il n'ignoroit nullement l'excommunication fulminée, par les ordres du Pape, contre les exécuteurs de l'invasion du territoire Pontifical , et contre ceux qui en étoient les fauteurs ou la source. Il a montré quelque crainte des censures ecclésiastiques ; bien moins , au reste, à cause des censures, qu'à raison des effets sinistres qui pourroient en résulter dans l'esprit des peuples de ses vastes États.

Quand Buonaparte traitoit de la paix de Tolentino avec M. le Cardinal Mattei, son Éminence fut chargée de lui adresser la réponse, dont je vais, Monsieur, vous présenter un fragment. « J'ai mis aux

» pieds de Sa Sainteté (Pie VI), la lettre
» que vous avez pris la peine de m'écrire,
» M. le Général, en date du 21 octobre
» dernier (1796)... Nous savons bien, que
» les incrédules et les philosophes mo-
» dernes tournent en ridicule les armes
» spirituelles ; mais, s'il plaisoit au Sei-
» gneur que l'on fût dans le cas de les
» déployer, vos phalanges feroient sans
» doute une funeste expérience de leur
» efficacité. Je conviens avec vous que la
» guerre que vous feriez au Pape, seroit
» peu glorieuse pour vous : quant au péril,
» que vous ne croiriez pas y rencontrer,
» notre confiance en Dieu ne nous permet
» pas de croire qu'il y en eût d'autre que
» pour vous et pour les vôtres. »

Voilà une prédiction frappante, que
l'on doit joindre à toutes celles de Barthélemi Holzhauser. M. le Cardinal Mattei
annonce à Napoléon Buonaparte, que si
jamais il s'empare de Rome, et que s'il

oblige le successeur de saint Pierre à déployer les armes spirituelles, alors les innombrables phalanges de la Nation Française feront indubitablement une funeste expérience de l'efficacité de ce nouveau genre d'armes, malgré tous les talens militaires de leur conducteur, et malgré la valeur de ses troupes. M. le Cardinal prédit, au nom et de la part de Pie VI, que tout le péril de cette entreprise hasardeuse retombera sur la personne et sur la famille de Napoléon Buonaparte; et par là même, que le Souverain Pontife, après leur décadence et leur chute, rentrera enfin triomphant dans sa ville capitale. La prédiction s'est vérifiée sous le pontificat du successeur immédiat de Pie VI.

Vous me demanderez peut-être, Monsieur, où j'ai puisé ce foible et fidèle extrait de la réponse de son Éminence. Je l'ai tiré d'un ouvrage imprimé à Paris, sous le gouvernement de l'Empereur Napoléon, il y a neuf ans, ou en 1805, format *in-octavo*, ayant pour titre : *Le Spectateur Français au dix-neuvième siècle*. Cette lettre est rapportée dans les trois premières pages du volume, sous l'indication : *Précis historique sur Pie VI*. Ce volume est le second tome d'une collection composée de douze. Le texte vous aura paru si clair, si positif, que bien certainement vous me dispenserez d'un commentaire.

Le dernier des vingt-deux vers latins du serviteur de Dieu pourroit vous paroître un peu obscur, et même inconséquent, pour le mot qui le commence : vous ne verrez peut-être pas de liaison entre le vingt-deuxième vers latin et le vingt-unième, ou le vingtième. Je conviens avec vous, Monsieur, de la justesse de l'observation. Aussi vous répondrai-je, que le vingt-deuxième vers est une explication et une conséquence des dix-sept et

dix-huitième, auxquels il se rapporte, et
où le pieux Holzhauser prophétise que
le Chef de l'Église Catholique doit retourner à Rome, quand le Coq ou le Français royal aura péri : et il en conclut, au
dernier vers , qu'ainsi le patrimoine de
saint Pierre doit retourner à son Seigneur.
C'étoit avoir prédit que, lorsque le Pape
perdroit sa liberté, il perdroit en même
temps la ville de Rome; et qu'il recouvreroit sa capitale avec le patrimoine de saint
Pierre, en recouvrant sa liberté. Par-là, il
est manifeste, que l'expression latine *sic*, et
la française *ainsi*, ne sont que la liaison
du dernier vers avec les dix-sept et dix-
huitième de cette prophétie.

# DIXIÈME PRÉDICTION.

« Le nom de famille du Souverain Pon-
» tife, désigné dans un célèbre oracle sous
» le nom d'*Aigle ravisseur*, sera un fa-
» vorable augure d'événemens merveil-
» leux pour son pontificat : et le Pape a
» rempli cette double dénomination, en
» abolissant une Église, qui professoit le
» schisme. *Pontificisque novi tibi nomen
» mira rependet, Aquila qui rapax prœ-
» sagio celebri.* »

Le Pape, désigné dans la célèbre prophétie dite de saint Malachie, sous le nom
de *Pèlerin Apostolique*, ou le souverain
pontife Pie VI, avoit reçu, à la fin du
dix-huitième siècle, au mois d'août 1799,

dans son exil en Dauphiné, la même couronne de gloire immortelle, qu'un de ses prédécesseurs, mis au nombre des Martyrs et des Saints, le pape Martin I, avoit reçue, au septième siècle, dans son exil en Chersonèse.

Trois grands Empereurs, si différens entre eux par leur croyance religieuse, celui d'Allemagne, le Czar de Moscovie, et le Grand-Seigneur, étoient alors coalisés contre la France. Leurs victoires consécutives, ayant fait évacuer l'Italie aux troupes du Directoire, avoient permis aux cardinaux, par un trait spécial de la divine Providence, de se rassembler à Venise dès le mois d'octobre 1799, et d'y tenir un Conclave, contre toute espérance humaine, pour procéder à l'élection d'un nouveau Souverain Pontife.

J'eus à Trieste, deux mois après, vers la fin de décembre, la prophétie du serviteur de Dieu, Barthélemi Holzhauser. A

mon retour à Vienne en Autriche, dans
les premiers jours de février 1800, je la
communiquai à un Jésuite de mes amis. Il
étoit fort au courant des nouvelles, qui
transpiroient du Conclave, et qui nous
donnoient pour Pape, tantôt M. le cardinal
Mattei, tantôt M. le cardinal Antonelli,
ou d'autres encore, dont le nom de famille
ne présageoit rien d'extraordinaire. Je
représentois au père Despéramo, qu'aucune de leurs Éminences ne ceindroit alors
la tiare. Finalement, nous apprîmes, dans
les derniers jours de mars, l'exaltation de
Pie VII au souverain pontificat. Quelle
fut notre agréable surprise, d'apercevoir,
à la lecture de son nom de *Chiaramonti*,
qui signifie *claires montagnes*, et qui ré-
pond, dans notre langue, à celui de
*Clermont*, l'heureux présage que l'horizon
de l'Église alloit s'éclaircir, au moins pour
un certain temps!

La prise de possession, par le nouveau

Pontife, tant des Légations romaines que de la capitale du monde chrétien, au mois de juillet suivant, nous parut, à l'un et à l'autre, d'un assez bon augure. D'ailleurs, si, d'une part, l'horizon politique avoit commencé à s'obscurcir d'une manière bien étrange pour les puissances du nord, depuis la bataille de Marengo, que gagna au mois de juin Buonaparte devenu Consul, et dont l'issue fut de faire évacuer aux Autrichiens les forteresses du Piémont; d'une autre part, les âmes attachées à la Religion catholique bénissoient le Seigneur de la résolution louable, prise par le Consul, aussitôt après la victoire, de réconcilier la France avec le Saint Siége.

On ne doit pas disconvenir que de rapides conquêtes, ayant remis l'Italie sous les lois de Buonaparte, lui firent réclamer et reprendre les trois Légations cédées forcément par Pie VI. Néanmoins, comme il conservoit Rome entre les mains de Pie VII, et qu'il avoit entamé une négociation avec lui, pour ramener la paix de l'Église parmi les Républicains Français, on parut fermer les yeux sur cette nouvelle perte; et l'on attendit patiemment les momens de la Providence.

Les plus épaisses ténèbres couvroient la surface de la République Française, qui ne reconnoissoit plus, dans les deux classes de ses pasteurs, que des assermentés, que des ministres schismatiques. Ils étoient canoniquement déclarés tels par le souverain pontife Pie VI, et l'Église révéroit les décisions de son Chef.

La religion orthodoxe ne pouvoit reparoître et refleurir en France, qu'après la suppression de l'Église constitutionnelle, et qu'avec les seuls pasteurs catholiques du premier et du second ordre; qu'avec des Évêques et des Curés admis à la communion du Siége Apostolique. Il s'agissoit uniquement de savoir si le Pape et le premier

Consul rétabliroient les anciens, ou s'ils en établiroient de nouveaux.

Buonaparte n'auroit pas eu de prétexte plausible, aux yeux des ardens Républicains peu soucieux du Catholicisme, pour abolir le nouvel Épiscopat, celui des Constitutionnels, s'il l'eût remplacé par l'ancien Épiscopat, celui des Catholiques. Le Coryphée des Constitutionnels, l'ennemi énergique et notoire de la royauté, et beaucoup de pasteurs menacés d'une suppression prochaine, auroient déféré le Consul à la Nation entière, comme le partisan des Bourbons, ou comme aspirant lui-même à la couronne; en un mot, comme déserteur et destructeur de la République Française : puisque les Évêques Catholiques devoient tous leur nomination à nos derniers Rois, et que la plupart étoient plus spécialement dévoués par leur naissance à l'ancienne Dynastie; ou que du moins ils seroient plus zélés, comme

royalistes et aristocrates, pour le gouvernement d'un nouveau Chef héréditaire,
que pour le gouvernement démocratique.

Cependant, les hautes destinées auxquelles, en effet, s'appeloit de lui-même
le premier Consul, n'auroient pas été
remplies suffisamment par le Consulat à
vie ; et l'Épiscopat constitutionnel étoit
une pierre d'achoppement à ses vues ambitieuses : il ne connut donc, qu'un expédient efficace et praticable ; ce fut la suppression simultanée de l'Épiscopat des
Constitutionnels et de l'Épiscopat des Catholiques. Il se chargea de la première ; et
il recourut pour la seconde au Souverain
Pontife.

Selon ce projet, eu égard à la division
de la France en départemens, au lieu de
provinces, il y auroit une nouvelle cons-
cription de diocèses et de paroisses ; les
évêques seroient nommés par le premier
Consul, et institués par le Saint Siége ; les

curés seroient nommés par les évêques, et ils en recevroient la collation de leur place avec l'agrément du Consul.

Je sortirois de mon sujet, Monsieur, si je m'étendois sur les avantages ou sur les inconvéniens du système conçu par Buonaparte; ainsi que sur les suites de son acceptation ou sur celles de son refus : et je reviens à l'*Aigle ravisseur*.

Les règles ordinaires de l'Église renvoyoient après la mort des titulaires, ou après leur démission spontanée, la suppression des Siéges Épiscopaux ou Métropolitains, et l'institution d'autres Prélats : mais l'impétuositéduConsul ne se prêtoit à aucun retard. Apprenons de sa propre bouche les menaces réitérées dont il fatiguoit le Pape. « Si le *Concordat* n'étoit pas adopté, dit » l'indiscret Napoléon, je me serois fait » *Protestant*, et trente millions de Fran- » çais auroient suivi le lendemain mon » exemple. » Tel fut l'aveu public qu'il fit à Bréda, le 6 mai 1810, dans la salle du bureau de la Cour de Justice, en présence d'un très-grand nombre de témoins qualifiés. Vous pouvez, Monsieur, lire cet aveu positif dans le Recueil de pièces officielles, in-8°, édition de M. Schœll, à la quatorzième livraison. Suivant le rédacteur du Journal des Débats, au 26 août 1814, il n'y a rien dans ce Recueil que l'on puisse révoquer en doute, rien qui appartienne aux opinions de l'éditeur.

Le Souverain Pontife avoit réclamé le secours des prières et des bonnes œuvres des pieux catholiques, et il y avoit joint ses ferventes supplications, pour invoquer les lumières de l'Esprit Saint. Dès le premier jour de cette discussion épineuse, le Pape sentit une répugnance, qui lui paroissoit invincible, à l'acceptation des propositions du Consul. A la seule pensée d'une espèce d'innovation, il avoit répandu bien des larmes : une circonstance aussi

6

touchante m'a été rendue par un témoin
oculaire , et digne de foi. Cependant,
après avoir discuté une matière si déli-
cate , avec les meilleures têtes, et avec des
hommes non moins prudens qu'instruits ,
le Saint Père conçut et arrêta la détermi-
nation absolue de s'élever enfin au-dessus
des règles ordinaires de l'Église catholique , ainsi que l'*Aigle* s'élève par son
vol au-dessus des autres oiseaux; et de
retirer l'administration des diocèses aux
évêques non démissionnaires , ou de les
*ravir*, en quelque sorte, à ces pasteurs ,
pour anéantir le schisme parmi les Français , et y rétablir l'exercice de la religion
catholique. Alors se vérifia le nom d'*Aigle
ravisseur :* qualité singulière , qui devoit
être le distinctif de sa personne , et le caractère de son pontificat. Il ne devenoit
pas moins un *Aigle ravisseur*, en reti-
rant ses chères ouailles de la griffe des
loups, qui s'en croyoient peut-être, ou

qui s'en disoient les bergers ; et en *ravis-*
*sant* la mître aux prélats constitutionnels.

Une autre merveille de l'*Aigle ravis-*
*seur* sera de reprendre le gouvernement
de l'Église , et de rentrer à Rome , après
avoir conquis ses États pour la seconde
fois , et les avoir enlevés des mains de
l'nsurpateur Corse , par les seules armes
de la prière. C'est en ce jour de bénédic-
tion , que l'horizon de l'Église universelle
va s'éclaircir parfaitement : il n'y avoit eu
jusque-là , même pour l'Église de France ,
qu'une espèce de crépuscule ; elle étoit
restée comme en servitude , malgré la jac-
tance de Buonaparte , qui se vantoit de
vouloir faire fleurir les idées libérales.

Au reste, cet assujettissement , bien
loin d'avoir eu l'agrément du Pape, a toujours été flétri de sa désapprobation. Enfin , Monsieur, quelle que fût alors la dépendance, et j'ajoute , l'humiliation même

6

de l'Église Gallicane, il seroit à souhaiter, que l'on pût acheter à ce prix la cessation du schisme parmi les Arméniens et les Grecs, dans tout l'Empire Ottoman.

La gloire de rendre la liberté à l'Église Gallicane étoit réservée par le Seigneur, non-seulement à la reprise des fonctions du Souverain Pontificat par l'*Aigle ravisseur*, mais de plus, à la sollicitude paternelle et à la piété de Louis XVIII. Nous ne saurions finalement apprécier à leur juste valeur ces bienfaits inespérés, qu'en révérant et remerciant, dans toute l'effusion de nos âmes, les Puissances libératrices, comme les instrumens de la Providence.

## ONZIÈME PRÉDICTION.

« Le Souverain Pontife , désigné dans
» un célèbre oracle , sous le nom d'*Aigle*
» *ravisseur*, et dont le nom de famille sera
» un favorable augure d'événemens mer-
» veilleux pour son pontificat , remplira
» glorieusement cette double dénomina-
» tion , en abolissant au milieu de nous,
» par le ministère de son Légat, une Église
» schismatique , ayant pour fondemens
» de faux principes , dont les consé-
» quences directes mènent à toutes sortes
» d'hérésies. *Pontificisque novi tibi no-*
» *men mira rependet, Aquila qui rapax*
» *præsagio celebri : per quem pelletur*
» *signo Crucis hæresis omnis.* »

Pendant l'apparition au Ciel, et en plein

jour, d'une Croix lumineuse, la Providence divine promet au Grand Constantin, qu'il triomphera du Tyran, son adversaire, par ce nouveau secours, *ce sera par ce signe que tu vaincras* : et une victoire décisive fait entrer dans le Palais des Césars la Croix de Jésus de Nazareth ; elle devient l'ornement de leur demeure, de leurs monnoies, de leurs médailles, et de leurs enseignes militaires. L'Esprit Saint avoit promis, dès le dix-septième siècle, par l'organe d'Holzhauser, au successeur du Prince des Apôtres, lequel est caractérisé, dans une célèbre prophétie, par l'emblème d'*Aigle ravisseur*, que pendant son pontificat, la Croix l'emporteroit sur le schisme et l'hérésie. N'a-t-on pas vu, Monsieur, que ce signe auguste et consolant fut arboré selon l'usage, et porté en triomphe devant son Éminence M. le Cardinal Caprara, Légat du Pape et du Saint Siége, lorsqu'il fit son entrée

solennelle dans le palais des Tuileries ? La
pompe de cette entrée fut l'annonce et
l'assurance de la signalée victoire que la
Croix alloit, sous peu, remporter sur
l'erreur. La Croix est le symbole ou la
marque de la Légation Apostolique, comme
la Crosse ou le Bâton pastoral l'est de l'É-
piscopat. Barthélemi Holzhauser a su, que
Pie VII expulseroit, par un Légat *à la-
tere*, toutes sortes d'hérésies ; en ce sens,
qu'il détruiroit une Église, dont les principes mènent, par des conséquences im-
médiates, à toutes sortes d'erreurs.

Déjà Pie VI avoit reproché à cette Église,
non-seulement la tache de schisme, mais
l'infection de *l'hérésie*. Dans une de ses
dernières lettres, en forme de bref, écrite
à Louis XVI, le 10 mars 1791, Sa Sainteté fait remarquer à ce Prince qu'après
avoir examiné, le plus soigneusement possible, la Constitution civile du Clergé de
France, elle a obtenu ce résultat : C'est

un fait des plus certains, que toute personne liée par le serment civique ne peut éviter la note d'*hérétique*, puisqu'elle promet d'observer des articles où est contenu un *Amas d'hérésies* (1).

Mais revenons à la prédiction d'Holzhauser. Outre que les pasteurs de l'Église constitutionnelle s'obligeoient par serment à la Constitution particulière qui concernoit le Clergé, ils promettoient encore, dans leur serment solennel, d'être fidèles à maintenir, de tout leur pouvoir, la Constitution générale, qui concernoit les Français, sans aucune distinction, et qui étoit décrétée par l'Assemblée Nationale. Nous en avons la preuve au

(1) *Debuimus Constitutionem de quâ agitur diligentissimâ consideratione expendere; ex quâ omninò consecuti sumus, et perspicuum arbitramur esse, quòd Hæretici nota evitari ab illo non possit, quicumque civico se obstringit jurejurando, cùm ea promittat sibi servanda, in quibus Hæreseum Congeries continetur.*

Titre II, articles 21 et 38 de la Constitution civile du Clergé.

L'Assemblée déclare, au commencement de la Constitution générale, que les droits naturels de l'homme sont la liberté, l'égalité, la propriété, la sûreté, et la résistance à l'oppression : elle les qualifie de droits naturels, sacrés, inaliénables, et imprescriptibles. Or, qu'est-ce qu'un droit naturel ? sinon celui que l'homme a reçu des mains de l'Auteur de la nature, des mains de la Divinité ; celui dont Dieu lui-même autorise et permet l'exercice. Qu'est-ce qu'un droit naturel inaliénable ? sinon celui que Dieu défend à l'homme d'aliéner. Qu'est-ce qu'un droit naturel imprescriptible ? sinon celui que Dieu ordonne de conserver en tout temps et en tout lieu, sans que l'usage immémorial ou universel, dans un sens contraire, puisse jamais devenir un titre de prescription.

Pie VI tint un consistoire secret, le 29 mars 1790 ; et dans l'allocution qu'il fit aux Cardinaux, il appela *Décrets* de l'Assemblée les *Articles* suivans, qui font partie de la Déclaration des droits.

ART. 10. *Nul ne peut être inquiété pour ses opinions religieuses, pourvu que leur manifestation ne trouble pas l'ordre public établi par la loi.*

ART. 11. *La libre communication des pensées et des opinions est un droit le plus précieux de l'homme ; tout citoyen peut donc parler, écrire, imprimer librement, sauf à répondre de l'abus de cette liberté dans les cas déterminés par la loi.*

Selon les principes de l'Église catholique, Jésus-Christ est Dieu et Auteur de la nature, comme son Père ; on ne peut exercer aucun droit naturel, qu'avec l'autorisation et la permission de Jésus-Christ. Selon les principes de l'Église constitutionnelle, d'après le serment de maintenir, de tout son pouvoir, les décrets ou articles de la Constitution générale, un droit le plus précieux de l'homme est de pouvoir imprimer librement ses pensées et ses opinions religieuses, c'est-à-dire, ses pensées et ses opinions sur la Religion catholique, quand même elles seroient opposées à cette Religion divine, sauf à répondre de l'abus de cette liberté, dans les cas déterminés par la loi humaine ; et cette liberté naturelle s'étend aux discours particuliers, de même qu'aux écrits, et aux livres imprimés.

Voici maintenant, Monsieur, une courte paraphrase, ou un petit commentaire de ces premiers principes de l'Église constitutionnelle, avec les conséquences hideuses qui en découlent. Ainsi, Jésus-Christ, Auteur de la nature, et Dieu comme son Père, a donné à chaque homme le droit précieux, et le plus précieux, de pouvoir imprimer, parler et écrire contre sa Divinité, contre sa Religion, contre tous les articles de la Foi catholique, contre la spiritualité et l'immortalité de l'âme, contre l'existence d'une vie à venir, contre les peines éternelles des pécheurs morts dans l'impénitence, contre la résurrection générale des corps à la fin des siècles, contre les sacremens de l'Église, contre la possibilité des miracles, contre le sacrifice de la nouvelle Loi ; en un mot, le droit sacré de disséminer et de soutenir *toutes sortes d'hérésies*, mais spécialement celle du matérialisme, celle du salut de l'honnête homme dans toutes les religions, etc.

L'Église constitutionnelle renfermoit encore dans son serment cette *Addition* à la Déclaration des droits : *l'Assemblée Nationale, voulant établir la Constitution Française sur les principes qu'elle vient de reconnoître et de déclarer, abolit*

*irrévocablement les institutions qui bles-*
*soient la liberté et l'égalité des droits. La*
*loi ne reconnoît plus de vœux religieux,*
*ni aucun autre engagement, qui seroit*
*contraire aux droits naturels ou à la*
*Constitution.*

Ainsi, l'Église catholique blessoit jus-
ques alors le droit naturel de l'égalité, en
autorisant les religieux à émettre le vœu
d'obéissance, parce qu'il étoit indéfini ;
elle blessoit le droit de la liberté naturelle, en les autorisant au vœu perpétuel
de chasteté : elle étoit contraire à ce dernier
droit, en prescrivant aux sous-diacres l'*en-*
*gagement* perpétuel de chasteté, dans
leur ordination ; elle outrageoit l'Auteur
de la nature, ou la Divinité, en ne res-
pectant pas les droits naturels de l'homme ;
elle n'étoit pas en cela dirigée par l'Esprit
de Dieu ; elle n'étoit pas son Église. Ainsi,
l'apôtre saint Paul, en conseillant aux
fidèles une perpétuelle virginité, les in-

vitoit à un *engagement* contraire à un
droit naturel, à la volonté de l'Auteur
de la nature, à la volonté divine : et
par là même il n'étoit pas l'apôtre ou
l'envoyé de Dieu. Ainsi, Jésus-Christ,
en louant le célibat perpétuel, exhortoit
ses disciples à contracter un *engagement*,
qui déroge à un droit sacré de l'homme;
il approuvoit une conduite, qui est désap-
prouvée par l'Auteur de la nature, par
la Divinité : et comme Dieu n'approuve
pas ce qu'il désapprouve, Jésus-Christ
n'est pas Dieu ; sa Religion n'est pas divine;
et ses ministres, même les constitutionnels,
ne sont que des imposteurs. Il est donc
démontré, que l'Église constitutionnelle,
promettant avec serment d'être fidèle à
maintenir, de tout son pouvoir, la liberté et l'égalité dans le sens de l'Assemblée Nationale, ou les droits naturels,
sacrés, inaliénables et imprescriptibles,
dans le même sens, admettoit des prin-

cipes féconds en blasphèmes, et *en toutes sortes d'hérésies* ; des principes abominables, dont la dernière conséquence est l'apostasie du Christianisme.

L'Auteur de la nature et de la révélation a fait connoître, il y a plus d'un siècle et demi, à son serviteur Holzhauser, qu'il ne voyoit pas d'un œil indifférent toutes ces horreurs futures; qu'il ne délaissoit pas l'Église catholique, qui est son ouvrage; que le Chef de cette Église renverseroit pour toujours, par le ministère d'un Légat, une Église nouvelle, fondée sur l'erreur, et bien différente des autres schismatiques ou hérétiques, dont les principes et leurs conséquences n'attaquoient qu'un certain nombre de vérités orthodoxes, une Église qui admettroit des principes destructeurs de toutes les vérités, des principes favorables à *toutes sortes d'hérésies* : et que ce Chef de l'Église catholique seroit le Pape,

caractérisé par le nom d'*Aigle ravisseur*,
le souverain pontife Pie VII.

~~~~~~~~~~~~~~~~~~~~~~~~~~~~~~~~~~~~~~~

## DOUZIÈME PRÉDICTION.

« AVANT le Souverain Pontife , dé-
» sigué dans un célèbre oracle sous le
» nom d'*Aigle ravisseur*, il y aura dans
» l'Église de Dieu un très-grand nombre
» de suppressions de communautés re-
» ligieuses , de l'un et de l'autre sexe ,
» pendant trois ans consécutifs, à com-
» mencer de 1787. Parmi les religieux,
» seront compris les Carmes, les Paulins,
» et les Frères Mineurs ; parmi les re-
» ligieuses, les Carmélites, les Clarisses,
» les Sœurs des Servites, les Mères Char-
» treuses, et les Dames de Cîteaux, ou les
» Bernardines : outre la plupart des Ordres

» réguliers d'hommes. *Millia, tùm sex-*
» *centi anni, nonagintaque septem, adde*
» *novem decies, tunc venit ista dies, quâ*
» *Socii Eliœ, Pauli, Fratresque Mi-*
» *nores, privati claustris, exiliumque*
» *ferent. Atque frequens pariter sacra-*
» *rum turba sororum expoliata gemet*
» *religione suâ; Carmeli, Clarœ, Ser-*
» *vorum quippè Mariœ : Carthusiœ Ma-*
» *tres, Cisterei Dominœ. Post hos se-*
» *quentur sensìm plerique virorum or-*
» *dine sacrato prorsùs ad usque trinos...*
» *Immò Petrus Galli cantum ter flebit*
» *amarè, etc.... Pontificisque novi tibi*
» *nomen mira rependet, Aquila qui*
» *rapax prœsagio celebri.* »

Le vénérable Holzhauser débute par l'indication de l'année, qui doit servir de base
et d'époque à ses premières prédictions : je
les appelle premières, dans l'ordre de la prophétie, et non dans l'ordre que nous avons

suivi jusqu'à ce moment. Il nomme l'an mil six cent quatre-vingt-dix-sept, auquel il faut ajouter neuf fois dix, ou quatre-vingt-dix; c'est-à-dire, l'an 1787.

Le serviteur de Dieu annonce, qu'à dater de cette époque, l'on verra pendant trois ans consécutifs, ce qui signifie jusqu'en 1790, s'opérer de nombreuses suppressions de corporations religieuses. La seule inspection de la date, fixée à l'an 1787, nous instruira, Monsieur, que la prophétie ne fait point allusion aux suppressions ordonnées chez les Français, par l'Assemblée constituante, dont les sessions ne commencèrent, sous le nom d'États-Généraux, qu'en mai 1789, ou que deux ans après la date indiquée par Holzhauser.

Mais l'Empereur Joseph II, mort à Vienne, le 20 février 1790, avoit terminé son règne par des suppressions multipliées du même genre, surtout dans ses États

héréditaires des Pays-Bas. Les trois années
assignées par Holzhauser devoient finir en
1790. Joseph II poursuivoit avec ardeur
son plan de suppressions, dès 1787. Holzhauser avoit encore déterminé l'an 1787,
pour le commencement de la suppression
totale des divers ordres dont il va nous
entretenir. Il n'étoit pas possible au respectable doyen de Bingen de prédire plus
juste, avant 1659, puisqu'il mourut en
1658, ce qui devoit arriver aux Associa-
tions religieuses dans les États de ce prince,
depuis 1787 jusqu'en 1790, principalement parmi les Brabançons.

Un auteur contemporain, le Marquis
de Caraccioli, sera le garant des époques
spécifiées dans l'oracle d'Holzhauser, ainsi
que des événemens attachés à ces époques.
Il publia, en 1790, l'année même de la
mort du Monarque, la *Vie de Joseph II* (1),

(1) In-8°, à Paris, chez Cuchet.

qu'il avoit composée, partie à Vienne en Autriche, et partie à Léopold en Galicie, d'après les matériaux rassemblés depuis trois ans, comme il nous en avertit lui-même. Il avoit eu l'honneur d'être présenté, en 1787, à Joseph II ; et il avoit reconnu, selon ses expressions, que déjà la mort travailloit dans le sein du Prince.

Vous allez lire, Monsieur, deux passages essentiels, tirés de cet ouvrage : l'un est relatif à l'an 1787, l'autre à la fin de 1789. Ces deux extraits seront la démonstration rigoureuse de l'exactitude la plus fidèle dans les dates prédites par le vertueux Holzhauser. Le marquis de Caraccioli ne pensoit guère que son suffrage dût servir un jour de témoignage irréfragable pour la décision d'une telle cause.

« Joseph, dit-il, ne connoissoit ni des » jours de récréation, ni ces momens qui » distillent l'ennui. Il lui sembloit, parmi » tant d'objets qui l'occupoient, qu'on

» pouvoit restreindre les priviléges des
» *Pays-Bas*, substituer un Conseil royal
» à celui des provinces, *supprimer des*
» *Monastères*, sans penser qu'il entroit
» dans un labyrinthe, d'où il seroit diffi-
» cile de sortir. Les *troubles* excités dans
» les *Pays-Bas*, suite d'une atteinte
» donnée aux priviléges et de la *suppres-*
» *sion de quelques monastères*, furent
» attribués au cardinal de Franckenberg,
» archevêque de Malines, par l'Empereur,
» qui lui ordonna de se rendre à Vienne.
» La bonté du Monarque agréa ses excuses,
» et il reparut dans son diocèse. Joseph
» partit, le 11 avril *1787*, époque dans les
» annales de Turquie. Les États des *Pays-*
» *Bas*, s'étant assemblés deux fois, prirent
» enfin la délibération d'envoyer à Vienne
» des députés, pour porter à l'Empereur
» des preuves non équivoques de leur
» soumission, et pour lui faire part de
» leurs *plaintes*. Ils arrivèrent le 14 août

» *1787*, se rendirent chez le Prince de
» Kaunitz, Chancelier de Cour et d'État.
» Dès le lendemain ils eurent une audience
» du Monarque ; et, peu de jours après,
» ils partirent pour retourner à Bruxelles,
» publiant dans toute leur route, qu'ils
» devoient tout à la sage médiation du
» Ministre (1). »

» Joseph, ajoute Caraccioli, environ
» cent pages plus bas, croyoit n'avoir
» qu'une *guerre* à soutenir contre la
» Turquie ; et la *Flandre Autrichienne*
» lui en préparoit *une autre*, au milieu
» des *débats* qu'excitèrent quelques at-
» teintes données aux priviléges du pays.
» Cela *révolta* d'autant plus les *Bra-*
» *bançons*, nation dont chacun connoît
» la loyauté, qu'on leur avoit promis
» de maintenir leurs priviléges, lors-
» qu'en 1787 il y eut un *mécontentement*

(1) Pages 213, 220, 221, 229,

» *général*, dont le prince de Kaunitz
» arrêta par sa sagesse les funestes effets.
» On ne peut présumer que l'Empereur
» voulût revenir sur une affaire, qui
» avoit été terminée à sa satisfaction;
» mais des circonstances imprévues l'en-
» traînèrent plus loin qu'on ne le pré-
» voyoit. Toujours ardent à réaliser tout
» ce qui lui sembloit être le mieux, il
» ne sentoit pas le danger d'une inno-
» vation; et il s'efforçoit d'aller au-delà
» du bien, même à travers les difficultés.
» Il crut, en conséquence, pouvoir éta-
» blir dans les *Pays-Bas* un conseil
» différent de celui qui subsistoit, et
» toujours à dessein de rendre ses sujets
» plus heureux... Les *Brabançons* récla-
» mèrent *avec force* en faveur de leurs
» droits... Mais le plus grand grief, on
» ne peut se le dissimuler, fut celui
» d'avoir voulu asservir les Évêques des
» *Pays-Bas* à n'avoir, pour ainsi dire,

» d'autre séminaire que celui de Louvain.
» On accusa les *moines*, mécontens de
» leur *expulsion*, d'avoir *soulevé les*
» *esprits*... De quelque côté que vînt
» *l'insurrection*, elle entraîna les plus
» grands désordres ; *et tandis que les*
» *Pays-Bas vouloient, à toute force,*
» *conserver les maisons religieuses, la*
» *France s'occupoit de leur proscrip-*
» *tion* (1). »

L'Assemblée Nationale, dite Constituante, s'est occupée de la proscription
des religieux et des religieuses en France,
dans les derniers mois de 1789, et dans
les premiers de 1790. L'abolition universelle des congrégations séculières, pour
les deux sexes, n'y fut décrétée qu'en 1792.
Il n'y avoit eu dans la Flandre Autrichienne, avant 1787, que des *mécon-*
*tentemens particuliers* à certains en-

(1) Pages 306, 307, 310, 311.

droits , lorsque Joseph II commença des *suppressions particulières*, qui ne furent pas regardées par les Brabançons comme l'effet d'un système ayant pour but une mesure générale, arrêtée par ce Prince, ou une résolution fixe de détruire, avec le temps, *tous* les monastères des *Pays-Bas*. Le *mécontentement* devint *général*, dans la Flandre Autrichienne, quand on se vit menacé de la *suppression générale* des pieux rassemblemens de religieux et de religieuses. Elle fut jugée telle, quand l'empereur Joseph II reprit la suppression de *quelques monastères* de *Carmélites* et de *Clarisses*, lesquels avoient échappé aux premiers coups portés contre elles par le Monarque.

Je vais, Monsieur, au sujet de ces premiers coups, puiser plusieurs documens dans un livre in-12, intitulé : *Précis et Observations sur les Religieuses supprimées par l'Empereur*,

8

*et en particulier sur celles des Pays-Bas Autrichiens*, recueillies par la France (1). Des essais partiels de Joseph II, chez les Flamands, eurent pour objet, en 1783, la suppression *définitive* des religieuses *Carmélites* de Bruxelles, de Termonde et de Tournai, avec la suppression *provisoire* des religieuses de *Sainte Claire*, de la réforme de la Bienheureuse *Colette*, et dites *pauvres Claires*, ou *Coletines*, mais appelées dans le Brabant *Colectines* ou *Collectines*, dont la suppression *définitive* devoit s'effectuer à Gand et à Ypres, au mois de mars 1784. Louis XVI admit en France, à la demande de son auguste tante, madame Louise, toutes les *Carmélites* supprimées dans ces trois villes, au nombre de quatre-vingt-trois ; elles y arrivèrent au mois de juin de l'année de leur suppression :

(1) A Rome, et à Paris, chez Guillot, 1785.

celles de Bruxelles furent introduites dans leur couvent de Saint-Denis; et les autres placées à Paris, dans les maisons du même ordre. La protection de la princesse ayant aussi obtenu l'admission des *Clarisses* ou *Coletines*, elles furent obligées de solliciter à Vienne leur suppression *définitive*. On transféra celles d'Ypres à Paris, chez les Capucines; et celles de Gand, avec le corps de leur Réformatrice, à Poligny, en Franche-Comté, dans un couvent de ses filles, où elle avoit demeuré dix ans, et où ces religieuses parvinrent au mois d'octobre 1783. L'auteur du *Précis* accorde à la *Bienheureuse* morte à Gand, l'an 1447, le titre de *Sainte*; et il nous apprend, à son occasion, une singulière anecdote, dont je ne suis que le copiste. « Une tradition, dit-il, s'étoit conservée » dans le couvent de Poligny : et l'on ne » prétend pas lui donner ici une autorité » qui puisse exciter l'attention de la cri-

8.

» tique. Mais cette tradition portoit que
» *Sainte Colette*, pour consoler ses filles,
» qui fondoient en larmes, en la voyant
» partir pour la Flandre, leur dit avec
» bonté : *Rassurez-vous, mes chères*
» *filles ; je viendrai un jour vous re-*
» *trouver dans cette maison.* »

Les premières suppressions des *Carmélites* ne furent bornées ni à l'Autriche ni
au Brabant : elles s'étendirent à la Galicie,
à la Bohême et à la Lombardie. Qui pouvoit en posséder des renseignemens plus
sûrs, que le Général des *Carmes* Dé-
chaussés ? Il écrivoit de Rome en France,
dans les termes suivans, le 18 septembre 1784. « Les six monastères d'Alle-
» magne, Vienne, Prague, Gratz, Gip-
» polik (1), Neustad, Lintz, et celui de
» Léopold dans la Pologne Autrichienne,
» ont été les premiers supprimés. En

(1) Peut-être Saint-Hippolyte.

» Italie, il n'y a eu que quatre monastères
» sujets à la suppression, Milan, Cré-
» mone et Mantoue (1). »

L'empereur Joseph, qui ne vouloit
conserver que des religieuses, consacrées
par leur institut à l'instruction gratuite
de la jeunesse, ou à la tenue des pension-
nats, aura suivi le même plan pour les
dernières suppressions, depuis 1787 jusqu'à sa mort, ou jusqu'en 1790, hors de
la Flandre Autrichienne. La prédiction
d'Holzhauser n'a pas été circonscrite par le
pays des Brabançons; et il a su, que l'abolition des *Clarisses* ou *Coletines* suivroit
celle des *Carmélites*. Il auroit pu, dans
ses vers, faire précéder *CARMELI* par
*CLARÆ*, pour éviter une rime avec
*MARIÆ* : mais sa prophétie n'auroit pas
été alors conforme avec l'histoire, la sup-

_____

(1) *Précis*, pages 13 et 14.

pression des *Clarisses* n'ayant pas précédé celle des *Carmélites*.

Si dans la liste d'Holzhauser pour les
autres destructions, il se trouve quelques
ordres inconnus en Flandre, ils auront
été abolis ailleurs par les décrets de Joseph II; et l'oracle d'Holzhauser s'y sera
vérifié.

Après la mort de l'impératrice Marie-
Thérèse, son fils Joseph n'avoit d'abord
fait que des espèces d'épreuves pour des
abolitions de monastères, dans le Brabant et en Autriche. A cette époque,
« les couvens étoient si multipliés, suivant
» la remarque du marquis de Caraccioli,
» qu'on les comptoit par douzaine, et
» on n'en a supprimé que la *huitième*
» partie (1). » Avec le temps, les suppressions furent bien moins rares. « Selon

(1) *Vie de Joseph II*, page 135.

» la liste qu'on donna pour lors des cou-
» vens supprimés, poursuit Caraccioli,
» il y en eut trente-deux dans l'*Au-*
» *triche*, trois de *Carmes*, trois d'her-
» mites *Paulins*, trois de *Capucins*, trois
» de *Cordeliers*, un de Servites, un de
» Dominicains, et tous ceux des Camal-
» dules et des Chartreux, qui ne formoient
» qu'un très-petit nombre (1). »

Holzhauser avoit prévu que depuis 1787
la même progression auroit lieu pour les
États héréditaires des *Pays-Bas* et d'Autriche : les *Compagnons d'Élie* sont les
Carmes ; les *Compagnons de Paul* sont
les hermites Paulins ; et les *Frères Mi-*
*neurs* sont les Capucins et les Cordeliers.

Ces divers religieux, ayant été con-
traints d'abandonner leurs cloîtres, plusieurs passèrent en Italie ; et ils y su-
birent un *exil* volontaire, dans les couvens

(1) *Vie de Joseph II*, page 184.

de leurs ordres respectifs, plutôt que de s'exposer, dans leur patrie, à la contagion du siècle, ainsi qu'Holzhauser l'avoit prédit. Sa prophétie ne néglige aucune circonstance, ni pour la marche des suppressions, ni pour les effets qui en résultent.

Elle ne nie point qu'il y ait eu des suppressions de monastères avant 1787 : ce n'étoit, au reste, que des mesures préparatoires ou particulières, et qui n'avoient pas entraîné le soulèvement de tout un peuple. L'oracle se rapporte aux suppressions qui ont occasionné des troubles universels et des guerres; il se rapporte à celles qui étoient manifestement des mesures générales, pour l'entière abolition des communautés proscrites. Avant 1787, il s'agissoit plutôt de la destruction de certains couvens appartenans aux ordres nommés par Holzhauser, que de la destruction de ces ordres : et le but d'Holz-

zhauser étoit de nous montrer de loin
ceux qui, selon l'intention du Monarque,
devoient éprouver leur suppression totale,
après des suppressions partielles, à dater
de 1787. La prédiction énonce que les
efforts du Souverain, pour ces abolitions,
finiront trois ans après, ou en 1790; et
tout s'est réalisé avec une ponctualité scrupuleuse.

Les établissemens religieux, destinés
uniquement aux exercices de piété, à la
vie intérieure, contemplative ou péni-
tente, paroissoient à l'empereur Joseph
peu utiles au bien de ses peuples : il
pensoit y substituer des établissemens
publics dans tous les genres. L'affoiblis-
sement des forces corporelles, depuis 1787,
avoit entretenu et redoublé chez lui celles
de l'âme, pour les moyens d'exécution
de son projet : il vouloit en voir la fin,
avant de voir le terme de ses jours. A
mesure qu'il s'avançoit vers l'heure qui

9.

devoit le retrancher du nombre des vivans, il faisoit avancer, comme de front, les retranchemens partiels de chacun des ordres, qu'il avoit résolu de retrancher du nombre des corporations permises dans ses États. Holzhauser n'a eu le dessein de rendre, dans ses huit premiers vers, que cette portion du tableau de l'histoire de Joseph II, où il s'agit de ses trois dernières années.

~~~~~~~~~~~~~~~~~~~~~~~~~~~~~~

## TREIZIÈME PRÉDICTION.

« Avant le Souverain Pontife, désigné
» dans un célèbre oracle sous le nom
» d'*Aigle ravisseur*, le Prince qui aura
» supprimé un très - grand nombre de
» communautés religieuses, de l'un et de
» l'autre sexe, pendant trois ans consé-

» cutifs, à commencer de 1787, con-
» servera les Chanoines, les Pères des
» Écoles pies, et les Frères de saint Jean
» de Dieu. *Canonici, Scholæque piæ,*
» *Fratresque Joannis gaudebunt soli*
» *stabilitate loci.* »

L'impératrice Marie-Thérèse étoit encore assise sur le trône, quand son fils
Joseph, s'étant fait rendre compte de
l'emploi de la journée chez les religieuses
principalement livrées à la contemplation
et à la prière, en exigea des travaux
manuels plus continus, et désira que
plusieurs d'entr'elles se dévouassent à la
formation des jeunes personnes de leur
sexe. L'excellent caractère des Flamandes
est assez connu : non-seulement elles sont
industrieuses, mais elles sont laborieuses
par inclination. Leur soumission aux volontés du Prince fit parmi elles naître
l'espoir, que la conservation de leurs mo-

nastères seroit par là consolidée. Cependant, dès que Joseph n'eut plus de concurrence ou de supériorité dans le gouvernement de ses États, il ne cacha plus son attrait pour les suppressions ; et ses desseins furent bientôt divulgués.

La tendresse paternelle du souverain pontife Pie VI ranima sa vieillesse ; et il parut à Vienne, au mois de mars 1791, pour arrêter le mal dans sa source. Tout ce qu'il put obtenir de l'Empereur, selon Caraccioli, fut la conservation de quelques établissemens : là se borna, quant à cet objet, tout le fruit de son voyage.

Il est vrai que Joseph daigna se prêter aux vœux de ses peuples, en ne détruisant pas d'abord les religieuses, qui par état sont employées à l'éducation de la jeunesse. Mais on parut craindre que sa condescendance ne fût que transitoire, et qu'il ne les sacrifiât, quand des institutrices séculières pourroient les remplacer, óu quand leurs édifices conviendroient à ses vues pour le bien public.

Il n'y eut donc rien de stable, rien de permanent, que ce qui avoit été aperçu par le vénérable Holzhauser. Les décrets de l'Empereur Joseph conservèrent les Chanoines des Métropoles et des Cathédrales, pour la solennité du culte Catholique, et pour le conseil des Archevêques et des Évêques ; les Pères des Écoles pies, que l'on nomme Piaristes à Vienne en Autriche, pour la conduite des colléges ; et les Frères de la Charité de Saint Jean de Dieu, pour l'administration des hôpitaux et des hospices. Barthélemi Holzhauser avoit encore connu toutes ces particularités ; et il les avoit prédites en termes fort intelligibles, près d'un siècle et demi avant l'événement. Il y a d'autant plus de mérite dans cette prévision, elle est d'autant plus surprenante, que les décrets de l'Assemblée Nationale supprimèrent en France,

à peu près vers la même époque, tous les
Frères de la Charité, quoique leur conservation fût une économie pour l'État;
et tous les Chapîtres de Chanoines, quoique l'Assemblée prétendît conserver des
Métropolitains et des Évêques. Aucune
conjecture humaine n'atteindra jamais ce
degré de précision, de justesse; et la divine Providence pouvoit seule éclairer de
foibles mortels sur tant de faits importans,
liés d'une manière si directe à la cause de
la Religion. L'Intelligence infinie les a vus
d'avance, et d'une science certaine, sans
blesser en rien cette liberté naturelle, dont
l'homme est si jaloux : et le vénérable
Holzhauser a eu le glorieux privilége d'être
un des plus intimes confidens de la Divinité.

## QUATORZIÈME PRÉDICTION.

« Le Souverain Pontife, désigné dans
» un célèbre oracle, sous le nom d'*Aigle*
» *ravisseur*, ne montera pas sur la chaire
» de saint Pierre, avant l'année 1790 : mais
» le pontificat de son prédécesseur aura eu
» lieu à cette époque, et même en 1787.
» *Millia, tùm sexcenti anni, nonagin-*
» *taque septem*, avec les quinze vers sui-
» vans. Puis après avoir omis les 17 et 18ᵉ,
» ajoutez-y, *Pontificisque novi tibi no-*
» *men mira rependet, Aquila qui rapax*
» *præsagio celebri.* »

Le respectable curé de Bingen ne fait
mention dans sa prophétie, que de deux
Souverains Pontifes. L'un y est nommé
*Pierre,* sans addition ; et dans le sens mé-

taphorique ce nom est commun à tous
les successeurs du Prince des Apôtres :
et l'autre, ou le nouveau Pontife, qui
doit remplacer le premier, y est nommé
*Aigle ravisseur*, avec l'avertissement
que cette dénomination lui avoit été
donnée dans le célèbre oracle attribué à
saint Malachie. Ce dernier oracle accorde
la dénomination de *Pèlerin Apostolique*
au Pape qui doit précéder l'*Aigle ravisseur* ; et comme l'emblème de *Pèlerin
Apostolique* s'est rapporté à Pie VI, celui
d'*Aigle ravisseur* ne peut se rapporter
qu'à Pie VII. Ainsi, la prophétie du vénérable Holzhauser ne fait mention que des
deux Souverains Pontifes, Pie VI et Pie VII.

Elle nous spécifie trois époques principales, auxquelles se rattachent tous les
autres événemens, qui sont l'objet de ses
intéressantes prédictions.

La première époque est énoncée en
termes clairs et formels ; c'est l'année

1787 : alors sera le commencement des suppressions partielles de divers ordres religieux, dont le nom est exprimé par Holzhauser, et dont les suppressions totales sont définitivement résolues.

La seconde époque n'est pas énoncée en termes aussi clairs, aussi formels, mais en termes équivalens ; c'est l'année 1790 : alors sera la fin de ces suppressions, ou totales, ou partielles, puisque les suppressions devront cesser après trois ans, dont le début aura été l'an 1787.

La troisième époque est celle de la réintégration du Souverain Pontife dans le patrimoine de saint Pierre : cette époque n'est point énoncée par une date particulière, ni même en termes vagues et généraux ; je remarque seulement, que comme la prophétie vient de nous entretenir de l'*Aigle ravisseur*, elle prédit que Pie VII sera réintégré dans le pa-

trimoine , dont la violence l'aura dé-
pouillé.

Mais l'époque de sa réintégration devant être liée avec son retour à Rome,
et avec sa reprise des fonctions de Chef
de l'Église , tous événemens dont Holzhauser nous avoit parlé quelques vers
plus haut, il s'ensuit que le rétablissement du culte solennel catholique parmi
les Français sans aucune exception , celui
de l'Empire Germanique , et celui de la
paix générale , ne doivent s'effectuer qu'à
la troisième époque de la prophétie du
serviteur de Dieu.

L'*Aigle ravisseur* , ou Pie VII , ne
pouvant envoyer de Rome un Légat Apostolique pour abolir une Église qui professe le schisme, et dont les principes
mènent à toutes sortes d'hérésies, et pour
en rétablir une autre, la seule véritable,
que dans un temps où il sera libre, Holz-

hauser a prédit, que de si grands événemens devront se réaliser entre la seconde et la troisième époque.

La narration prophétique de Barthélemi Holzhauser mettant après la seconde époque les tristes prédictions relatives au Pape caractérisé par l'emblème du *Pèlerin Apostolique*, ces prédictions ne peuvent s'accomplir qu'entre la seconde et la dernière époque.

Le successeur du *Pèlerin Apostolique*, ou le Pape caractérisé par l'emblème d'*Aigle ravisseur*, n'a donc pu monter sur la chaire de saint Pierre, avant la seconde époque, ou avant 1790.

Enfin, la prophétie d'Holzhauser, ne parlant pas de vacance du Siége Apostolique, et se taisant sur les noms allégoriques d'autres Souverains Pontifes que de Pie VI et de Pie VII, insinue tout naturellement que Pie VI occupera le premier siége de l'Église en 1790 et 1787.

Je commettrois, Monsieur, une imprudence marquée, si je me permettois de vous insinuer à mon tour des sentimens d'adoration et de reconnoissance envers la Providence divine : vous les aurez déjà conçus, à la lecture de tant de prédictions merveilleuses.

## PREUVES.

Le foible travail que je viens de vous soumettre, a été fait sur un manuscrit, dont je suis possesseur depuis environ quinze ans, et qui n'est que la copie, donnée en 1766, d'un autre manuscrit fort ancien, déposé dans un couvent de Transilvanie. Je ne crains nullement, Monsieur, d'invoquer le témoignage de deux Évêques Français : il n'en est pas de plus irrécusable. Il prouve que mon manuscrit existoit déjà au mois d'avril 1800, et même dès le mois de septembre 1799.

La preuve, au reste, ne peut être bien saisie, qu'après l'exposé de quelques faits, sur lesquels je passerai rapidement.

Des circonstances impérieuses, dont il est superflu de vous rendre compte, m'obligèrent de quitter la Turquie, en décembre 1796, et de passer, par Trieste, à Vienne en Autriche. Je ne pus y arriver qu'à la mi-juillet 1797. Je dus aller à Trieste, pour la seconde fois, en novembre 1799 ; et je fus de retour à Vienne, dans les premiers jours de février de l'an 1800.

Pendant mon séjour à Trieste, M. le capitaine Françolsberg, officier non moins distingué par sa religion, sa prudence, sa piété, sa gravité, que par sa noblesse et la solidité de son jugement, malgré son âge avancé, me sous-loua un appartement près de celui qu'il habitoit, maison Marchisetti, à côté de l'église dite des Jésuites. Au mois de décembre, je lui parlai d'une prophétie du vénérable Innocent XI, concernant la révolution française, et de son dénouement futur, en faveur de la maison de Bourbon. Après une conversation assez longue, il m'apprit qu'il en avoit une autre, du vénérable *Holzhauer*, depuis près de quarante ans; que, jusqu'alors, elle s'étoit exactement vérifiée; qu'il m'en feroit la transcription lui-même; et qu'au mois de septembre, M^gr Éon de Cély, évêque d'Apt, qui, avant moi, occupoit mon appartement, avoit eu son manuscrit en communication, pour en tirer une copie. Je pris la liberté de représenter à M. de Francolsberg, qu'une Biographie latine, qui m'avoit été montrée à Vienne, ainsi qu'un manuscrit venu de Rome, donnoient le nom d'*Holzhauser* à celui qu'il appeloit *Holzhauer*. Il se contenta de me répondre, qu'il me parloit d'après son manuscrit, lequel il tenoit d'un Religieux Franciscain. Plusieurs se-

maines s'étant écoulées sans qu'il eût ac-
compli sa promesse, je le priai instam-
ment de vouloir bien satisfaire mes désirs.
Il me dit, du ton le plus honnête, que le
temps lui avoit manqué, mais qu'il y sup-
pléoit, en me faisant présent de son cher
manuscrit; que j'étois plus heureux que
M. l'évêque d'Apt; que lui Francolsberg
avoit servi, en qualité d'officier, l'empereur Joseph II, dans le régiment de Lat-
termann; qu'il étoit allé deux fois en
Transilvanie, la première en 1755, la seconde en 1763; qu'il y étoit encore en
1766, lorsqu'il fut chargé par son gouvernement d'une commission particulière, à
Déva, situé dans la même province; que
les habitans de ce bourg sont presque tous
de la nation Arménienne; qu'il y fit connoissance avec les Pères Franciscains, dont
le couvent étoit d'une vingtaine de religieux; qu'il se lia spécialement avec le
père Bonaventure, leur ex-provincial,

âgé de plus de soixante ans, et né de pa-
rens Arméniens ; que le manuscrit intitulé
*Vaticinium Holzhauer*, lui avoit été
donné par ce vieillard estimable, qui le lui
avoit copié de sa propre main, d'après
une transcription déposée dans son couvent ; et que le papier, dont il me faisoit
le cadeau, contenant des prédictions déjà
fidèlement accomplies, je verrois que le
passé devenoit le garant de l'avenir.

Tous ces détails, Monsieur, vous auront
paru, en grande partie, n'être que des
hors-d'œuvre. Cependant, vous allez com-
prendre, qu'ils ne sont pas étrangers à
mon travail ; et qu'ils étoient nécessaires à
l'intelligence de la possibilité où j'étois
d'avoir à retoucher le manuscrit du père
Bonaventure.

Au commencement de cet opuscule,
vous n'avez lu que le manuscrit corrigé : il
me reste à vous faire connoître celui que
j'ai eu de M. le capitaine Francolsberg,

tel qu'il est sorti des mains de ce bon religieux. Les explications que j'y joindrai, seront ma justification complète de plusieurs corrections que je me suis permises. Je vous adresse, Monsieur, une espèce de *Fac simile* du manuscrit de Déva, reçu par M. de Francolsberg : vous ne mettrez pas sur mon compte ce qui doit être rectifié, l'accentuation, la ponctuation, les solécismes, ni la manière d'écrire le latin. Vous concevrez ensuite pourquoi l'ex-provincial, avec tout son mérite, ne s'est point aperçu de ces défauts. Vous découvrirez en cela une preuve convaincante de la franchise de M. de Francolsberg, et de l'authenticité, soit de cette pièce, soit de l'ancien manuscrit, qui lui avoit servi de modèle.

Vaticinium P<sup>ii</sup> R<sup>j</sup> D<sup>ni</sup> Bartholomæj Holzhauer Parochij, et Decanj Bingæ infra Mo-
guntiam defunctj in fama sanctitatis. 1658.

*Millia tum sexcentj annj, nonagintdque septem,*
   *Adde novem decies, tunc venit ista dies.*
*Qua Socij Eliæ, Pauli, Fratresque Minores*
   *Privati Claustris, exiliumque ferent. ...*
*Atque frequens pariter Sacrarum turba Sororum*
   *Expoliata gemet Religione sua.*
*Carmeli, Claræ, Servorum quippe MARJÆ,*
   *Carthusiæ Matres, Cistercij Dominæ.*
*Post hos sequentur sensim plerique virorum*
   *Ordine Sacro, prorsus ad usque trinos,*
*Canonici, Scholæque piæ, Fratresque Joannis*
   *Gaudebunt soli stabilitate loci.*
*Imo Petrus galli cantum ter flebit amarè,*
   *Eclypsis Romæ tum quoque solis erit.*
*Nam Caput ad tempus, Matremque Ecclesia perdet,*
   *Omnis erit Regius gallus origo mali,*
*Quo pereunte redit pax, et solemnia cunctis,*
   *Et Caput Ecclesiæ, Jmperioque decor.*
*Pontificisque novi tibi nomen mira respondet:*
   *Aquila, qui rapax, præsagio celebris,*
*Per quem pelletur signo Crucis hæresis omnis,*
   *Sic redit ad Dominum terra sacrata suum.*

Le nom allemand *Holz-hauer* est composé de deux mots qui, dans notre langue, signifient *coupeur de bois*, ou *bûcheron* : les deux mots dont est composé le nom *Holz – hauser*, peuvent se traduire en français par l'*Homme à la maison de bois*, ou plutôt par le *Seigneur* ou l'*habitant d'un village appelé Maison-de-bois*. Les nom et prénom de don Barthélemi Holzhauser correspondent à ces mots : *Don Barthélemi de Maison – de – bois*, Tous les imprimés latins de Bamberg et de Wurtzbourg, qui font mention du doyen de Bingen près Mayence, mort en 1658, lui donnent le nom d'*Holzhauser* : j'ai cru pouvoir, et même devoir m'y conformer dans la copie corrigée du titre de mon manuscrit.

Au huitième vers, *cistercii* ne sauroit être le commencement d'un dactyle : j'ai pensé que l'on devoit dire *cisterei*, par une espèce de licence poétique.

10.

Au dixième vers, *sacro* ne donne pas de césure : il falloit *sacrato*.

Au dix-neuvième, *mira respondet* doit être remplacé par *mira rependet*, pour avoir un dactyle et un spondée, avec un sens plus raisonnable.

Au vingtième vers, j'ai substitué *celebri* à *celebris*, parce que *celebris* se rapporteroit aux mots *Aquila rapax*, et que *celebri* se rapporte à *præsagio* : l'*Aigle ravisseur*, ou Pie VII, n'est pas plus célèbre par l'oracle de Malachie, que les autres Papes ses prédécesseurs.

Les divers changemens, sur lesquels je ne m'explique pas, et auxquels je me suis décidé, se comprennent d'eux-mêmes : ils ne font qu'éclaircir le texte, ou que redresser une orthographe vicieuse.

Mais comment un ex-provincial de Franciscains n'a-t-il pas senti les fautes grossières dans lesquelles il tomboit ? Si le bon père n'entendoit pas la langue latine, comment célébroit-il la messe, et récitoit-il l'office divin? Enfin, si le chef d'une vingtaine de religieux en étoit réduit à cette pénurie de connoissances, quelle idée se formera-t-on d'une telle communauté? Quelles sont les réponses plausibles qui peuvent résoudre des objections si fortes?

Les réponses, Monsieur, ne seront rien moins qu'embarrassantes : et le développement nécessaire ne sera point fastidieux par une excessive longueur. Il y a deux sortes de religieux Arméniens Catholiques; les uns sont du rit oriental de leur nation, les autres sont du rit latin. Quand le missel de ces derniers est en langue arménienne, ce n'est qu'une traduction littérale du missel latin de l'Église Romaine : celui des premiers contient une liturgie particulière, tant pour les paroles que pour les cérémonies. Les Dominicains Arméniens de Smyrne sont de la seconde

classe : j'ignore à laquelle appartenoit le
père Bonaventure, Arménien de nation,
et religieux, qui, en 1766, étoit ex-provincial des Franciscains à Déva en Transilvanie. Mais, s'il célébroit en arménien
les mystères sacrés, et si son bréviaire
étoit dans le même idiome, il n'est pas
étonnant que ce religieux n'ait pas fait une
étude suivie de la langue latine. Il n'a
copié, peut-être, que d'après un modèle
défectueux, le manuscrit par lui donné à
M. le capitaine Francolsberg : et il n'aura
même pas soupçonné qu'il propageoit des
fautes palpables. J'ai connu à Trieste des
pères Mephitaristes Arméniens, fort instruits dans l'arménien littéral, parlant et
écrivant l'italien d'une manière assez pas-
sable, mais qui ne savoient pas le latin par
principes : ils ne le comprenoient guère
qu'en tâtonnant ou devinant, par une
certaine analogie avec la langue italienne.
Ces religieux se sont retirés à Vienne en

Autriche, avant l'invasion des Français :
je ne dois pas omettre qu'ils sont du rit
oriental. Quelques-uns d'entr'eux auroient
pu copier pour d'autres mon manuscrit,
dans le même genre, que le père Bonaventure avoit copié pour M. de Francolsberg
l'ancien manuscrit de Déva, sans qu'ils
s'aperçussent des fautes de sens, de ponctuation, et de versification. Chez les Ita-
liens, l'*i* final des noms au pluriel s'écrit
quelquefois comme notre *j* consonne';
quoiqu'ils le prononcent d'une manière
bien différente de la nôtre. Le père Bonaventure n'avoit sans doute aucun motif
d'imiter cet usage dans sa transcription
latine, d'autant plus qu'il s'en écarte pour
d'autres endroits du manuscrit. Cela
prouve, Monsieur, selon moi, qu'il savoit
médiocrement la langue italienne, et presque point la latine. Pour un Religieux
Arménien, qui existe en Transilvanie, au
milieu de Catholiques dont la majorité est

de sa nation, il suffit de connoître l'idiome du pays, l'arménien usuel, et l'arménien littéral. Sans cette triple connoissance, jamais le père Bonaventure n'auroit été promu à la supériorité de sa province : l'intelligence du latin n'étoit pas pour lui d'une obligation indispensable.

Tant d'inexactitudes, reprochées avec justice au manuscrit de Déva, confirment la vérité du récit de M. le capitaine Francolsberg, l'authenticité de cette copie, et son antériorité à tous les événemens prédits dans la prophétie du serviteur de Dieu Holzhauser. Les fautes de cette pièce, les taches et la vétusté du papier, le genre de l'écriture, mes rapports avec M. de Francolsberg, qui me l'ont fait apprécier, l'estime universelle, dont il étoit en possession à Trieste, parmi ses concitoyens et parmi les Français émigrés, sa générosité inattendue qui m'avoit cédé un manuscrit auquel il attachoit un intérêt peu commun,

produisirent en moi la plus parfaite assurance, que j'étois possesseur de la véritable prophétie de Barthélemi Holzhauser,
au mois de décembre 1799.

Ma conviction personnelle me fit né-
gliger le soin de prendre des informations
auprès de M. l'évêque d'Apt, et de solliciter une attestation par écrit, laquelle
seroit, pour d'autres que moi, un titre
sans réplique de la connoissance qu'il avoit
eue, au mois de septembre de la même
année, de mon manuscrit, chez M. de
Francolsberg. Depuis le retour du Roi,
j'ai tâché de réparer cette omission; et
toutes mes recherches ont été infruc-
tueuses. La première nouvelle positive
que j'ai eue du respectable prélat, a été
celle de sa mort, annoncée dans le nᵒ 36
du journal ecclésiastique intitulé *l'Ami de
la Religion et du Roi.* Vous pouvez ju-
ger, Monsieur, quelle fut mon affliction,
quels furent mes tardifs regrets d'avoir

dans le temps manqué l'occasion favorable
d'un titre essentiel. Mais le n° 44 du même
journal m'apprit heureusement que Monseigneur Laurent-Michel Éon de Cély,
ancien évêque d'Apt, étoit plein de vie à
Marseille. Je le félicitai sur sa résurrection, qui devenoit aussi la mienne : je lui
citai les deux premiers et les deux derniers
vers de la prophétie, qu'il avoit transcrite
à Trieste ; je le suppliai de me faire tenir
le *duplicata* de cette pièce, de le signer de
sa main, et de le déclarer conforme à la
copie qu'il possédoit. Ma lettre étoit du
21 septembre 1814 ; je l'écrivis, à l'instant
même de la réception du journal. Voici la
réponse, dont m'a honoré le prélat octo-
génaire : elle m'est parvenue le 31 octobre,

« Une fluxion considérable sur les yeux
» s'est opposée, Monsieur, au désir que
» j'avois de vous répondre plus prompte-
» ment que je ne fais. Je me rappelle très-
» bien du précieux manuscrit dont il est

» question dans votre lettre ; et je crois,
» autant que je peux m'en ressouvenir, en
» avoir tiré une copie : mais je l'ai cherchée
» inutilement. Je crains bien qu'elle ne se
» soit égarée dans les différens voyages que
» j'ai été obligé de faire. Je regrette infi-
» niment de me trouver dans l'impossibi-
» lité de vous faire passer la copie que
» vous désirez. Recevez, je vous prie,
» Monsieur, l'assurance des sentimens de
» considération avec lesquels j'ai l'honneur
» d'être votre très-humble et très-obéis-
» sant serviteur,

   » † L. M., Ancien Évêque d'Apt.

 » Marseille, ce 23 octobre. »

Sur les quatorze prédictions du vénérable Holzhauser, cinq étoient arrivées, les
deux premières de mon explication, avec
les trois dernières, quand Monseigneur
l'Évêque d'Apt eut à Trieste le manuscrit
de Déva entre les mains pour en tirer une
copie. Il écrivoit alors les destinées de Na-

poléon Buonaparte, du Pape futur, de l'Église de France, de l'Empire d'Allemagne, et de l'univers entier, lesquelles ont eu lieu dans l'intervalle d'une quinzaine d'années. La divine Providence l'a conservé jusqu'à nos jours, bien moins pour le rendre spectateur de tant d'événemens humainement incroyables, renfermés dans les neuf autres prédictions, que pour le faire servir de témoin à l'existence de la prophétie.

Mais un premier témoin qualifié ne suffisoit point; il n'auroit pas obtenu, peut-être, un assentiment général à cette existence : la Providence en choisit un second, au mois d'avril 1801; c'étoit Monseigneur de La Fare, Évêque de Nancy, Agent de Louis XVIII près la Cour de Vienne. A la suite de mon retour de Trieste en cette capitale, j'attendois impatiemment, pour lui montrer le petit trésor dont j'avois fait l'acquisition gratuite, que la prédiction particulière, concernant le nom du nouveau Souverain Pontife, se fût réalisée. Quand le nom de *Chiaramonti* me fut connu, je m'empressai de communiquer au prélat le manuscrit cédé par M. de Francolsberg. Je remis deux copies à Monseigneur de La Fare, l'une figurée sur le manuscrit, et l'autre corrigée. J'ignorois, à la fin de septembre 1814, qu'il dût bientôt repasser en France; et j'eus l'honneur de lui écrire à Vienne, pour le supplier de vouloir bien se souvenir des copies que je lui avois remises, en 1800, de la prophétie d'Holzhauser, et de certifier ce fait, son attestation m'étant nécessaire pour un opuscule que j'étois dans l'intention de donner au public. Une maladie que j'eus sur les yeux, à son retour à Paris, me fit différer la visite à laquelle j'étois obligé. A la seconde audience, il me fit voir les

copies qu'il tenoit de moi, et il m'honora
ensuite de cette réponse par écrit.

« Paris, 25 novembre 1814.

« C'est un fait, Monsieur, que je ne
» peux vous refuser de certifier, que dans
» le mois d'avril 1800, vous m'avez remis,
» à Vienne en Autriche, deux copies d'une
» prophétie en vers latins, attribuée au
» vénérable Holzhauser, curé de Bingen,
» près Mayence, mort en odeur de sain-
» teté. Ces deux copies, que j'ai retrou-
» vées dans mes papiers, sont conformes
» à celles que vous m'avez reproduites de-
» puis mon arrivée à Paris.

» J'ai l'honneur d'être, avec une con-
» sidération distinguée, Monsieur, votre
» très-humble et très-obéissant serviteur,
» ANNE-LOUIS-HENRI DE LA FARE,
» † Évêque de Nancy. »

Monseigneur de La Fare ne s'est pas con-

tenté de conserver les deux copies de la
prophétie d'Holzhauser; il transmit dans
le temps une de ces copies à M. de Cellers,
prêtre de la Mission, et ancien supérieur
du Séminaire de Nancy. De nouvelles
transcriptions ont été distribuées par le
Missionnaire, dans le diocèse, où elle est
fort connue. Ces derniers faits m'ont été
rapportés, il y a seulement quelques mois,
par M. l'abbé Elquin, prêtre de Nancy,
qui a remis, par commission, de fortes
sommes à des membres du Sacré Collège,
détenus captifs à Fontainebleau, et à qui
les nombreux prisonniers de guerre, tant
Russes qu'Espagnols, réunis dans nos
forteresses, ont d'éternelles obligations.
Son industrieuse charité leur a procuré
des secours immenses, et il leur a départi
les soins les plus assidus. La bague mon-
tée en diamans, que j'ai eue sous les yeux,
et qu'il a reçue de l'Empereur Alexandre,
est digne de la munificence d'un puissant

souverain ; qui sait évaluer les services
qu'on rend à ses sujets.

La plume élégante du nouvel auteur de
la Vie de Fénélon nous donne une idée
juste et précise de la Congrégation de
Saint-Sulpice , laquelle gagne beaucoup
à être connue de près. Depuis l'an 1803 ,
j'ai plusieurs fois conféré avec M. Mon-
taigne , l'un de ses membres , sur la prophétie du vénérable Holzhauser ; je lui en
cédai , l'an 1808 , une copie rectifiée, et une
autre sans correction : il les a soigneusement conservées jusqu'à ce jour. Il a successivement vu se vérifier tous les événemens prédits, et postérieurs à cette époque.

. J'ai fait encadrer , et placer sous verre à
double face , le manuscrit de Déva. J'ai
copié au revers le texte retouché : il est
accompagné de deux notes ; la première ,
écrite à Trieste en 1800, la seconde en
1801. Cette pièce , déjà beaucoup froissée ,
seroit finalement tombée en lambeaux ,

sans cette précaution conservatrice : elle
n'en deviendra que plus ostensible.

## OBJECTIONS.

A la fin du paragraphe intitulé *Dou-
zième prédiction*, j'ai prévenu la difficulté
que pourroient faire naître plusieurs suppressions de monastères, faites avant 1787,
par l'Empereur Joseph II ; et j'y ai satis-
fait de manière à n'être plus obligé de revenir sur mes pas.

Je ne dissimulerai, Monsieur, aucune
des autres difficultés, plus ou moins spé-
cieuses, qui peuvent être élevées contre la
légitimité du texte, dont vous avez lu
l'explication. Je les réduis à trois ; et je
mettrai d'abord en avant celle qui se pré-
sente avec un certain appareil de solidité
ou d'importance.

## PREMIÈRE OBJECTION.

La prophétie d'Holzhauser, contenue
dans le manuscrit du Bourg de Déva, ne
sauroit soutenir le parallèle avec la prophétie d'Holzhauser, plusieurs fois imprimée en Allemagne, et dont la dernière
édition est celle des villes de Bamberg et
de Wurtzbourg : édition publiée en 1797,
après que l'on eut consulté les manuscrits
de Bonn et de Rome. Ces derniers manuscrits ne renferment que quatorze vers,
tandis que celui de Déva en contient vingt-
deux. Selon celui de Déva, la prophétie
seroit antérieure à 1659 ; et selon les
autres, elle est de 1745. Selon celui de
Déva, la prophétie devoit commencer à se
réaliser en 1787 ; selon les autres, elle a
dû commencer à se vérifier en 1748, après
avoir été dictée trois ans auparavant, par
le serviteur de Dieu, dans une apparition

miraculeuse. On ne connoît à Rome, à Vienne en Autriche, et dans toute l'Allemagne, que la dernière prophétie : et celle de Déva n'est revêtue d'aucune authenticité. Celle-ci paroît avoir craint le grand jour ; et l'autre a subi la redoutable épreuve de l'impression. Nous en donnerons le texte, après avoir spécifié le petit livre qui en a fourni la copie ; et nous ferons suivre le texte par une traduction fidèle. Ce livret latin n'a que quarante-sept pages in-8°.

## TEXTE.

« *Visiones venerabilis servi Dei Bartholomæi Holzhauser, vitæ communis Clericorum Sæcularium restauratoris. Digna ævi nostri memoriâ ad ejus Biographiam* APPENDIX. *Editio novissima et emendata. Bambergæ et Wirceburgi.*

*Sumtibus Viduæ Tobiæ Goebhardt.*
*1797.*

» Pag. 46. *APPENDIX. Ex litteris*
*P. Conradi Hertenberger, datis ex cas-*
*tris Frayen-Hofen, 22 april. 1747.*

»*Cum nuper Cluaci essem, rem calamo*
*dignam narravit R. P. provincialis Ger-*
*maniæ superioris. Anno 1745, venerunt*
*ex Hiberniâ in Sueviam duo PP. Fran-*
*ciscani , P. Laurentius Burseeld , et*
*P. Jacobus Pirre, hic Pragæ, ille Romæ*
*ad conventus profecturus. Cum ambo in*
*Sueviæ oppido Laubheim pernoctassent,*
*apparuit P. Jacobo 25 maii ignotus qui-*
*dam Parochus, his illum verbis affatus :*
Ego sum Bartholomæus Holzhauser; quon-
dam. Parochus prope Moguntiam. Surge,
et scribe quæ tibi dictaturus. *Surrexit, et*
*scripsit versus sequentes à venerabili*
*Bartholomæo sibi dictatos.*

» *Millia sexcentum , novies duodenaque pono ;*
  *Adde quater decies, tunc venit illa dies,*

*Qua Bonnæ* (1) *Jesu Socii, Fratresque Beati*
  *Francisci palmas, martyriumque ferent.*
*Nam Petrus Galli cantum ter flevit amarè;*
  *Eclypsis Romæ tum quoque solis erit.*
*Et Caput ad tempus breve tunc Ecclesia perdet:*
  *Gallus erit tanti solus origo mali.*
*Quo pereunte redit pax et concordia fratrum,*
  *Et Caput Ecclesiæ, Imperiique decor.*
*Pontificisque novi nomen tibi mille notabit,*
  *Josephique pater lilifer alter erit.*
*Perque hunc pelletur signo Crucis hæresis omnis,*
  *Et redit ad Dominum terra sacrata suum.* »

*His dictis, Bartholomæus evanuit.*
*P. Jacobus autem primo mane sequentis*
*diei, post peractam sacramentalem con-*
*fessionem, hæc manifestavit P. Lauren-*
*tio, et juramento confirmavit. Ex Laub-*
*heim digressi veniunt ad Carthusiam*
*Buxheim, Memmingæ proximam, et*
*rem P. priori narraverunt; et fidem*
*invenerunt, postquam R. P. prior ma-*
*nuscripta quædam Bartholomæi Holz-*

(1) *Alia manuscripta habent Romæ.*

*hauser in illâ Carthusiâ asservata lus-
trasset, et dicta ista scriptis conformia
invenisset. Inde divisis itineribus, P. Jacobus Pragam est profectus, P. Laurentius Romam contendit. Is cùm æger
die 9nâ Junii Tridenti advenisset, et eâ
nocte à patribus nostris in collegium re-
ceptus esset, singula, ut acciderant, sub
cœnâ narravit.* »

## TRADUCTION.

« Visions du vénérable serviteur de
Dieu Barthélemi Holzhauser, restaura-
teur de la vie commune des Clercs Sécu-
liers. Appendice pour sa Biographie, *digne
de l'attention de notre siècle.* Édition la
plus récente, et corrigée. A Bamberg et
Vurtzbourg, *aux frais de la veuve de
Tobie Goebhardt.* 1797.

» *Page 46.* APPENDICE. Extrait d'une
lettre du P. Conrad Hertenberger, écrite

du château de Frayen-Hofen, le 22 avril
1747.

» Comme j'étois dernièrement à Clèves,
le R. P. provincial de l'Allemagne supé-
rieure, me raconta un fait qui mérite que
ma plume en fasse mention. L'an 1745,
deux Pères Franciscains vinrent d'Irlande
en Souabe, le P. Laurent Bursceld, et le
P. Jacques Pirre, dans le dessein de se
rendre à leurs couvens, celui-ci à Prague,
et l'autre à Rome. Tandis qu'ils étoient à
passer la nuit dans un bourg de Souabe
nommé Laubheim, un certain Curé inconnu apparut au P. Jacques, le 25 mai,
et lui parla en ces termes : *Je suis Barthélemi Holzhauser, autrefois curé près
de Mayence. Levez-vous, et écrivez ce
que je vais vous dicter.* Le religieux se
leva, et il écrivit les vers suivans qui lui
furent dictés par le vénérable Barthélemi.

» Je compte mil six cent, et neuf fois
douze; ajoutez-y dix fois quatre, c'est

alors que vient le jour où des Compagnons de Jésus et des Frères du Bienheureux François remporteront à Bonn (1) la palme et la couronne du martyre.

» Car Pierre a pleuré trois fois amèrement le chant du Coq ; il y aura encore alors à Rome une éclipse de soleil. Et alors l'Église perdra son Chef pour un temps assez court : le Coq seul sera l'origine d'un si grand mal.

» Lorsqu'il aura péri, on verra revenir la paix et la concorde des Frères ; ainsi que le Chef de l'Église, et l'honneur de l'Empire.

» En outre, le nom du nouveau Pontife vous désignera mille, et le père de Joseph succédera au droit de porter la couronne des lis.

» Par celui-ci seront de plus expulsées,

(1) D'autres manuscrits portent que ce doit être à Rome.

en vertu du signe de la Croix, toutes sortes
d'hérésies, et la terre sacrée retourne à
son Seigneur. »

« A ces mots, Barthélemi disparut.
Mais le P. Jacques ayant, le jour suivant,
de grand matin, fait sa confession sacra-
mentelle, manifesta le tout au P. Laurent, et le confirma par serment. Étant
partis de Laubheim, ils se rendirent à la
Chartreuse de Buxheim, près de Mem-
mingen, et ils racontèrent la chose au
P. prieur : ils ne le trouvèrent porté à les
croire qu'après que le R. P. prieur, ayant
parcouru certains manuscrits de Barthélemi Holzhauser, que l'on conserve en
cette Chartreuse, eut reconnu que leur
récit y étoit conforme. Ici, ayant fini leur
voyage en commun, le P. Jacques partit
pour Prague, et le P. Laurent se mit en
route pour Rome. Celui-ci étant arrivé,
le neuf juin, tout malade, à Trente, et
ayant été reçu la même nuit au collége

par nos pères, il leur fit, à souper, le narré
en détail de ce qui s'étoit passé. »

## *Réponse.*

Je distingue deux parties dans la prophétie de Bamberg : la première est rela-
tive aux quatre vers de son début, et la
seconde l'est aux dix vers suivans. Je n'hé-
site pas de soutenir que la prophétie de
Bamberg est fausse pour les quatre premiers vers ; et qu'elle est ou fausse, ou
falsifiée pour les dix derniers. De là il sera
facile de tirer la conclusion, que la prophétie de Bamberg n'est pas une copie
authentique de la véritable prophétie du
vénérable Holzhauser ; et que l'imprimé
de Bamberg n'est nullement à comparer
au manuscrit de Déva.

La seconde édition de la prophétie de
Bamberg est de 1797 : la première étoit

de 1793. Ces deux éditions nous donnent
pour époque fondamentale l'an mil six
cent, plus neuf fois douze, ou cent huit ;
c'est-à-dire, l'an mil sept cent huit, avec
l'addition de dix fois quatre, ou de quarante : ce qui signifie en tout, l'an mil
sept cent quarante-huit. Or, en 1748, ni
les Compagnons de Jésus, ou les Jésuites,
ni les Compagnons du Bienheureux François, ou les Franciscains, n'ont remporté
la palme et la couronne du martyre, soit
à Rome, soit à Bonn. Ainsi, les quatre
premiers vers de la prophétie de Bamberg
n'ont jamais appartenu à une prophétie
légitime. Ils n'ont pu être dictés par le serviteur de Dieu Holzhauser ; et l'apparition
de ce vénérable au père Jacques Pirre,
n'est, en dernière analyse, qu'un conte
puéril de revenant.

Quant aux dix autres vers qui terminent
la prétendue prophétie de Bamberg et de
Wurtzbourg, si nous raisonnons d'après

12.

la date qu'elle nous assigne, et qui est
l'an 1748, nous n'y verrons qu'un assem-
blage informe de faussetés évidentes.
Quel étoit alors, en effet, le successeur
de saint Pierre? N'étoit-ce pas le grand et
immortel Benoît XIV? Mais jamais il n'a
eu à déplorer le chant du Coq. Alors, l'É-
glise ne perdit pas son Chef; et consé-
quemment le Coq ne fut pas l'origine d'un
mal qui, à cette époque, ne pouvoit être
qu'imaginaire. Alors, ni le Chef de l'Église,
ni le Coq, ne périrent. De quelle concorde
et de quels Frères veut nous parler l'anonyme qui a publié la prophétie de Bamberg? Où est le bon sens de cet homme, et
celui de son revenant? Quel déchet avoit
éprouvé l'honneur de l'Empire Germanique, en 1748, ou dans les années voi-
sines, pour que l'on prédit le retour de sa
gloire? Le nom du nouveau Souverain
Pontife, après Benoit XIV, fut Rezzonico,
ou Clément XIII : quelle analogie peut-on

imaginer entre l'un de ces deux noms et le nombre *mille*? Le père de Joseph II étoit l'Empereur François I, de la maison de Lorraine, lequel n'a point porté la couronne de France. Comment appelle-t-on les hérésies que l'Empereur Joseph a heureusement expulsées, en vertu du signe de la Croix? Au surplus, Monsieur, ne soyons pas trop exigeans; et que l'on nous en désigne une seule. Il est également faux que le nouveau Pontife, le successeur immédiat de Benoît XIV, le pape Clément XIII, soit rentré en possession du patrimoine de saint Pierre, puisqu'il ne l'a point perdu.

J'ai dit précédemment, que la prophétie de Bamberg étoit falsifiée : mais on ne falsifie qu'un titre connu, et qu'un titre légitime. L'auteur anonyme de la falsification de l'oracle d'Holzhauser avoit sous les yeux le véritable; il le connoissoit au mieux, sans avoir besoin de recourir au manuscrit de Déva. Il y avoit à Bamberg, ou dans les environs, en 1793, des manuscrits fidèles, qui représentoient le texte original. Au cinquième vers de la prophétie imprimée, *nam* a été substitué à *immò* de la prophétie manuscrite; et *nam* est le signe d'une liaison entre le cinquième vers et les quatre précédens, quoiqu'il n'y ait pas de liaison entr'eux. Au même vers, *flevit* est substitué à *flebit*. Je sais que les prophètes annoncent quelquefois le futur, avec des expressions qui regardent le passé. Mais *flebit* est beaucoup plus clair, et il fait entendre que le mot *Petrus* est pris dans un sens allégorique : au lieu que *Petrus flevit* semble plutôt se rapporter à saint Pierre, qu'à un de ses successeurs; et il répand de l'obscurité. Le point après *solis erit*, est au moins une faute typographique. *Et caput* a été substitué à *nam caput*, qui est l'explication du vers pentamètre. *Breve tunc* a été substitué à *matremque*, qui annonce que l'Église universelle perdra ses rapports avec sa Mère, avec l'Église de Rome. *Concordia fratrum*, qui n'a pas de sens raisonnable, a été substitué à *solemnia cunctis*, dont le sens littéral a commencé de se vérifier au mois de juin 1814. Le vers *Josephique pater lilifer alter erit*, qui exprime une fausseté, a été substitué malicieusement au vers *Aquila qui rapax præsagio celebri*, parce que l'on y trouveroit la clef de toute la prophétie, et qu'il étoit de l'intérêt du faussaire anonyme de faire tomber dans le discrédit le véritable oracle de Barthélemi Holzhauser. *Mille notabit*, qui n'a pas le sens commun, a été substitué à *mira rependet*, parce qu'il étoit encore de l'intérêt du faussaire, en 1793 et 1797, de ne pas laisser subsister la trace d'une prédiction qui devoit s'appliquer au nom de famille de l'AIGLE RAVISSEUR. *Et redit* a été substitué à *se redit*, parce que l'on auroit reproché à l'éditeur de la prophétie, qu'il n'y avoit pas de relation directe entre le règne de Joseph II et la rentrée du patrimoine de saint Pierre, sous la main du Souverain Pontife, auquel ce prince ne l'avoit pas enlevé. L'anonyme a substitué aux dix premiers vers du texte primitif, quatre vers qu'il a fabriqués lui-même, et livrés à l'impression, afin que l'on oubliât pour toujours les manuscrits fidèles, et qu'ils fussent regardés dorénavant comme apocryphes. Il n'y a que l'Esprit de Dieu qui puisse inspirer, environ un siècle et demi avant l'événement, la connoissance des monastères d'hommes et de femmes à supprimer; celle de l'année où commenceront les suppressions générales et définitives, avec la connoissance de l'année qui en sera le terme; et celle enfin des établissemens à conserver. Le nombre des lecteurs superficiels a rassuré le faussaire, qui savoit que plusieurs d'entr'eux auroient connu de véritables manuscrits, dont la fin étoit *redit ad Dominum terra sacrata suum*, et où ils avoient lu *Petrus Galli cantum… Pontificisque novi… Caput Ecclesiæ… Imperioque decor.* Le rusé anonyme a cherché finement à capter leurs suffrages par une exactitude apparente qui ne sacrifie pas tous ces passages, persuadé que de tels lecteurs croiroient eux-mêmes les premiers, et feroient croire à d'autres que la prophétie imprimée se trouve parfaitement conforme aux prophéties manuscrites.

En 1793, quand des Français eurent fait périr leur plus sincère ami, dans la personne de leur Roi, l'anonyme supposant que les mots *Regius Gallus* se rapportoient à ce prince, et craignant d'offenser les Souverains, supprima *Regius*: et n'en fit pas moins paroître une pièce qui, selon lui, promettoit le retour de la

13

paix, après ce parricide. L'anonyme pres-
sentoit que la paix seroit éloignée ; que,
sur cet article, la prophétie de Bamberg
resteroit en défaut ; que la prophétie
d'Holzhauser seroit méprisée, abandon-
née : et tel étoit précisément le but de sa
machine infernale.

Il étoit dans les rangs de ces *illuminés*,
qui croient avoir vu la lumière, pour me
servir de leurs expressions, et qui ne visent
qu'à multiplier les ténèbres. L'éclat de la
véritable prophétie de Barthélemi Holzhauser auroit pu et dû éclairer l'anonyme
sur toutes ses erreurs, et lui faire ouvrir
les yeux aux vérités de la religion. Il ré-
solut d'éteindre ce flambeau, ou de le
faire disparoître, en y subrogeant un oracle
de sa composition : oracle dont il sentoit
le foible et le faux ; oracle qui, à son tour,
tomberoit dans l'oubli. Par là, notre anonyme prétendoit apprendre au peuple que

les anciennes prophéties des Juifs et des Chrétiens ne sont que des chimères comme les prophéties modernes.

En 1797, après l'occupation de Rome par les Français, et après l'exil de Pie VI, l'anonyme donna au peuple une nouvelle leçon d'illuminisme, et lui tendit un nouveau piége par la seconde édition de sa prophétie d'Holzhauser. Il ne doutoit point que jamais Pie VI ne retourneroit dans sa capitale, et que jamais la France ne rendroit à ce Pontife le patrimoine de saint Pierre. Il fit réimprimer sa prophétie d'Holzhauser, dans l'intime assurance qu'elle ne seroit point accomplie, et que le peuple désabusé par le défaut d'accomplissement de tant de promesses magnifiques, cesseroit de croire aux prophéties quelconques, et se détacheroit insensiblement de la Religion chrétienne.

Voilà donc cet ennemi formidable, qui ne peut attaquer le manuscrit de Déva,

13.

que par des faussetés, des falsifications et des fourberies. Les dix derniers vers de sa prophétie prétendue sont la parodie et l'altération de ceux de la véritable prophétie, connue, dès 1799, par M. de Cély., et en 1800 par M. de La Fare. Ces prélats ont vu dès-lors, et ils voient encore aujourd'hui les événemens s'accorder avec les neuf prédictions du serviteur de Dieu, Barthélemi Holzhauser, lesquelles correspondent toutes au temps du Pontificat de *l'Aigle ravisseur* ou de Pie VII. Les événemens plus anciens, et qui devoient commencer en 1787, avoient été connus à Déva, dès 1766, ou 21 ans auparavant par M. le capitaine Francolsberg, dont le témoignage est du plus grand poids : et le manuscrit que je tiens de sa complaisance, n'est ni faux, ni obscur, comme l'imprimé de Bamberg et de Wurtzbourg.

L'intention du faussaire dans ses deux

éditions de 1793 et de 1797 a été rem-
plie, au moins partiellement : elles ont
fait disparoître en Allemagne une partie
des manuscrits exacts ; l'application des
mots : *Quo pereunte*, et *Regius Gallus*,
à Louis XVI, dont la mort n'a pas été
suivie de la paix générale, a fait disparoître une autre partie des véritables
manuscrits. La conservation de celui de
Déva est un effet de la protection du
Ciel.

### DEUXIÈME OBJECTION.

Si le texte de l'oracle étoit resté pur
à Déva, le père Bonaventure l'a entière-
ment dénaturé : il écrit *Holzhauer* pour
*Holzhauser*, *sacro* pour *sacrato*, *mira
respondet* pour *mira rependet*; outre la
bizarrerie de sa ponctuation, par exemple,
quand il introduit une virgule entre *Aquila*
et *qui rapax*. Le manuscrit de M. Fran--

colsberg ne représente donc pas le texte original.

## Réponse.

La difficulté n'est pas grave : elle prouve tout au plus l'ingénuité du bon ex-Provincial, qui bien certainemeut n'a pas eu l'intention de se couvrir de ridicule. Ce religieux Arménien n'a fait que transcrire une copie fautive de la prophétie légitime du vénérable Hölzhauser; mais ce ne sont pas des fautes essentielles, qui touchent à la substance de l'oracle, jusqu'à le défigurer, et qui soient sans remède : il est des règles de critique, d'après lesquelles on peut aisément rectifier le texte. Une légère attention a suffi, Monsieur, pour effacer les taches qui déparoient la beauté et la bonté du manuscrit. Le père Bonaventure a servilement rendu l'ancien, déposé dans son monastère depuis un temps immémorial. Sa fidélité scrupuleuse à n'y rien changer pour en faire évanouir les défauts, est toute en faveur de l'authenticité de la prophétie. Ainsi la seconde objection se convertit comme la première en preuve de la légitimité du texte de Déva.

## TROISIÈME OBJECTION.

Il est inconcevable que la vérité ait quitté l'Allemagne, et qu'elle ait été chercher un asile dans un petit coin de la Transilvanie. De quelle main les Arméniens de Déva ont-ils reçu leur ancienne copie ? pourquoi les savans et les voyageurs n'en ont-ils eu aucune connoissance ?

### *Réponse.*

C'est peut-être un savant d'Allemagne qui nous a fait présent de la rapsodie de

Bamberg et de Wurtzbourg ; un savant,
qui, fatigué des troubles que la présence
de la prophétie du vénérable Holzhauser
avoit réveillés dans son âme, a voulu dé-
barrasser de l'importunité de cette censure, lui et les libres penseurs de son
pays. Nous avons déjà observé, dans la
première Réponse, que la véritable prophétie n'avoit pas été inconnue en Allemagne ; et que la falsification du texte
primitif en prouvoit l'existence. C'étoit
pendant son voyage au bourg de Déva,
que M. de Francolsberg a reçu de l'ex-
Provincial le manuscrit que je tiens de
sa libéralité. Je suis dispensé, Monsieur,
de remonter à la source, et d'aller à la
découverte. Le fait de ma propriété de ce
manuscrit, depuis le mois de décembre 1799, et les autres faits que j'ai
développés, m'exemptent du soin de satisfaire à des questions interminables, et
dorénavant superflues.

## CONCLUSION.

J'ai intitulé cet opuscule, *La véritable prophétie du vénérable Holzhauser*, pour qu'on ne la confondît point avec un autre texte, celui de Bamberg et de Wurtzbourg, qui est en partie faux, et en partie falsifié. Le père Édouard Despéramo, jésuite, me fit voir à Vienne ce dernier texte en manuscrit, au mois d'août 1797; il l'avoit depuis peu reçu de Rome. Je calculai aussitôt les nombres exprimés dans les deux premiers vers, et je lui fis remarquer en conséquence les faussetés contenues dans les deux vers suivans. Au mois de juin 1799, M. l'abbé Christophe Jean, prêtre émigré Français, de la province de Bretagne, me fit connoître le livret imprimé à Bamberg,

14

en 1797, à la suite de la prétendue
lettre du P. Hertenberger; et je lui ré-
pétai les remarques faites au jésuite. Cependant l'un et l'autre, d'après le quatorzième vers, aimoient à se flatter que
des possessions du Siége Apostolique seroient rendues à Pie VI; et que Pie VI,
lui-même, seroit enfin rendu à Rome.
Après sa mort à Valence, et après mon
retour de Trieste, je leur communiquai,
au mois de février 1800, mon manuscrit
de Déva. Je vous avouerai, Monsieur,
qu'ils le regardèrent en pitié; qu'ils ne
jugèrent pas à propos de recevoir la transcription que je leur en offrois. Quelle
vraisemblance, que Dieu permît l'affliction
du Pape futur, du successeur de Pie VI,
son exil de Rome, l'envahissement pour
la seconde fois du patrimoine de saint
Pierre, après avoir permis la convocation
d'un conclave et les moyens de procéder

à son élection ; surtout puisque le nom de famille du Pape futur présageoit pour son pontificat des choses merveilleuses ? Quelle vraisemblance y avoit-il, que le nouveau Souverain Pontife détruiroit toutes sortes d'hérésies par le signe de la croix ? Quelle vraisemblance, que la République Française dût être anéantie ; que la France dût être gouvernée par un nouveau Monarque ; et que ce Monarque dût aussi périr ? Quelle vraisemblance, que le culte solennel catholique seroit accordé à tous les Français, quand ce nouveau Monarque auroit péri ; qu'alors l'Empire d'Allemagne recouvreroit son éclat ; qu'alors reviendroit la paix universelle ; qu'alors le Pape, qui alloit être élu, rentreroit à Rome en triomphe ; qu'alors, ou auparavant, il rempliroit la signification de l'emblème d'*Aigle ravisseur*, dont le sens n'étoit pas compris ? Néanmoins, Monsieur, ce qui étoit invraisemblable au mois de février 1800, s'est vérifié à la lettre, et continue même de se vérifier au moment que je mets la dernière main à ma correspondance du mois de novembre 1814.

FIN.

# ERRATA.

Pag. 100, lig. 9. 1791      *lisez :* 1781
   118,   15. Mephitaristes   Meqhitaristes
   124,   16. 1801     1800

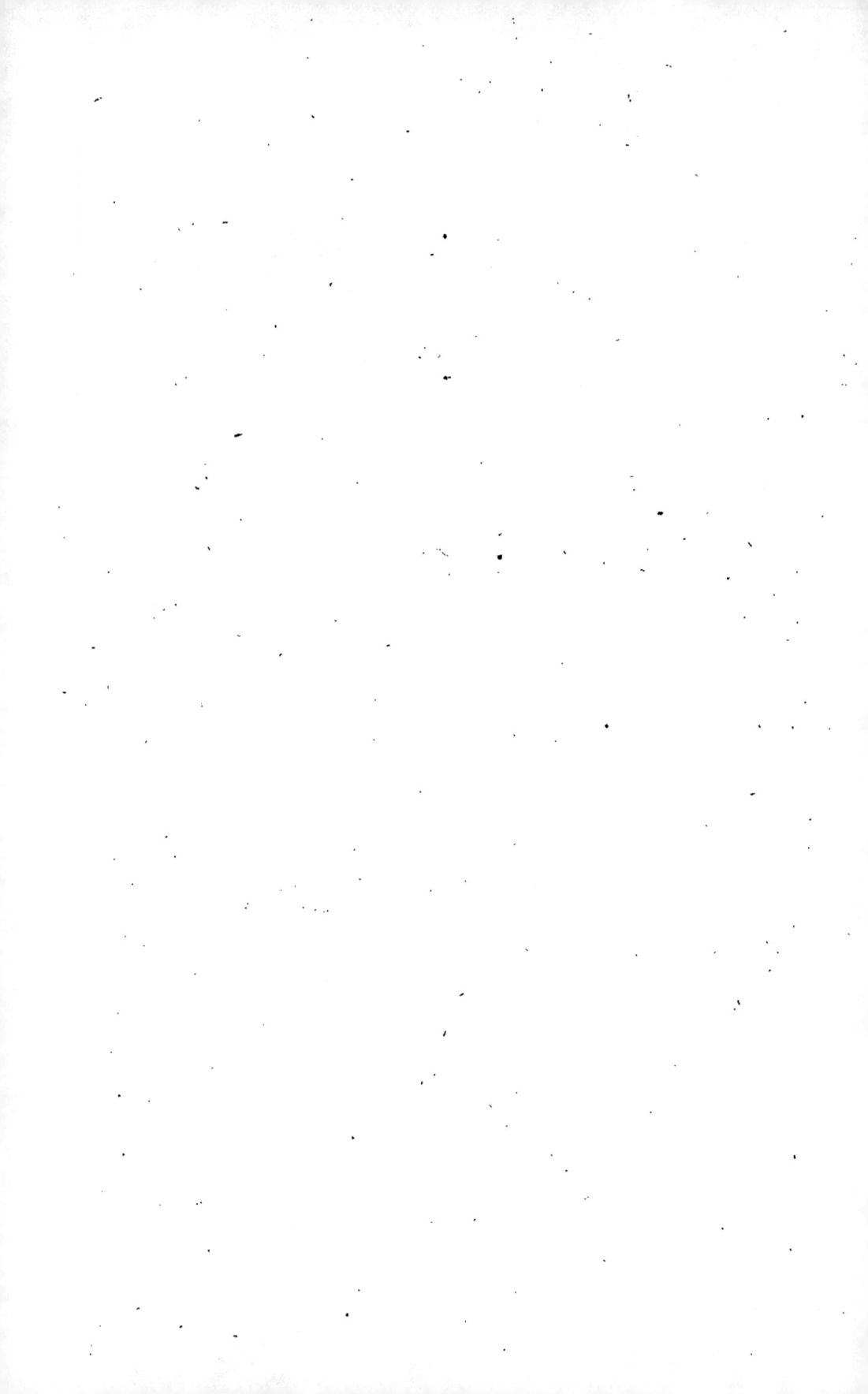

www.ingramcontent.com/pod-product-compliance
Lightning Source LLC
Chambersburg PA
CBHW060802110426
42739CB00032BA/2431